소피의 식탁

소피의 식탁

SOPHIE'S TABLE
JINJU KANG / WRITTEN & PHOTOGRAPHED

프롤로그

움직일 때마다 반지르르 빛이 흐르는 까만 털에 세상이 궁금한 듯 호기심 가득한 눈. 남산쯤이야 몇 번을 오르내려도 괜찮을 파워 활력! 저만 보면 자동으로 돌아가는 프로펠러 꼬리와 올라가는 입꼬리! 제 반려견이자 소울메이트인 소피입니다.
'남산 가자'라는 말 한마디면 자다가도 벌떡, 벌써 문 앞으로 쌩~ 하고 달려 나갈 정도로 활력 넘치는 매력적인 검은 털의 친구죠.

'남산 가자'라는 말 한마디면 자다가도 벌떡~

침대에는 올라오지 못하게 예절을 가르친 덕에 아침이면 침대에 턱을 대고 꼬리를 프로펠러처럼 휘휘 돌리면서 제가 일어나기를 기다리는 소피. 그 모습 덕분에 아침에 눈을 뜨자마자 미소가 절로 지어집니다. 이렇게 예쁜 모습을 보고 어떻게 웃지 않을 수 있겠어요. 그런 모습을 볼 때면 머릿속에는 늘 같은 말이 떠오릅니다.
'소피야 사랑해'.

그러던 어느 날, 소피와 저의 행복한 일상이 흔들려 버렸습니다. 평소와 다를 바 없던 어느 날 눈을 뜨자마자 보여야 하는 소피가 없더라고요. 이상하다는 생각에 '소피~' 하고 불러 봤지만 영 반응이 없어 밖으로 나가보니 소피가 자기 자리에서 눈을 뜨고 그냥 가만히 저를 바라보는 게 아니겠어요. 몇 번을 불러도 갑자기 에너지가 증발해 버린 것처럼 움직이지 않고 그대로 누워 있는 모습에 심장이 철렁 내려앉았습니다.

앞뒤 가리지 않고 병원으로 달려가는 길에 별의별 생각이 다 들더라고요. 다행히 별다른 이상은 없지만 나이가 들수록 이런 상황들이 자주 생길 거라는 얘기를 들었습니다.

당시 소피의 나이 9살, 순간 깨달았습니다. '이제 소피도 나이가 많구나. 앞으로 어떻게 하면 좋을까?' 하고 고민되더라고요. 어차피 나이는 먹는 거고 어떻게 하면 소피가 좀 더 활력 있게 하루하루를 보낼 수 있을까 하는 생각을 본격적으로 하게 됐죠.

고민은 고민이고, 당장은 소피가 기운을 차리는 것이 우선이라 소피의 보양식부터 준비했습니다.

'이제 소피도 나이가 많구나. 앞으로 어떻게 하면 좋을까?'

사람도 아프거나 기운이 없을 때 보양식을 먹으면 기운이 차려지잖아요. 그런 생각에 고기와 채소를 많이 넣고 푹푹 끓인 수프를 만들었습니다.

수프가 끓고 집안 곳곳에 그 냄새가 퍼져나갈 즈음 아주 기적 같은 일이 벌어졌습니다. 일어날 힘조차 없어 보였던 소피가 음식 냄새에 반응하는 게 아니겠어요! 먹는 내내 굉장히 신나 보였던 소피의 모습이 지금도 또렷하게 기억납니다.

'아, 이거 효과가 있구나!'라고 생각하게 됐고, 그 일을 계기로 반려견인 소피의 식사에 대해서 다시 한번 생각해 보게 됐습니다.

"너도 먹고 나도 먹고"
교감하는 행복한 식탁

'사람도 끼니마다 같은 메뉴를 먹으면 질리기 마련인데, 365일 똑같은 건사료만 먹는 반려견들은 얼마나 식사가 재미없는 일일까'라는 생각, 해 본 적 있으세요? 4년 전만 해도 저는 그런 생각조차 하지 못했습니다. 그저 반려견에게는 그에 맞는 사료를 먹이는 것이 최선인 줄 알고 그대로 따랐습니다. 하지만 그게 아니라는 것을 소피 덕분에 깨닫게 됐죠.

매일 다양한 식재료로 만든 메뉴로 식사의 즐거움을 찾아가면서 소피에게도 많은 변화가 생겼습니다. 활력을 되찾고 푸석했던 털도 다시 윤기나기 시작했습니다. 무엇보다 행복하게 식사 시간을 기다리는 소피의 모습은 저에게 큰 기쁨이었습니다. 그래서 지금은 저와 소피의 식사를 함께 준비합니다.

따로 준비하는 번거로움 없이 제가 먹고 싶은 음식을 응용해서 소피의 식사를 만들기도 하고, 소피에게 줄 메뉴를 정하다 보면 자연스레 제 식사가 정해지기도 합니다. 그렇게 지내다 보니 어느 순간 냉장고에서 썩는 식재료가 줄었고, 건강한 끼니를 챙길 줄 아는 제가 돼 있더라고요. 지금도 전 제철에 나는 재료를 썰고 담아 한 냄비에 요리한 음식을, 각자의 그릇에 나눠 담아 먹는 기쁨과 행복, 그 안에서 생겨나는 기적을 매일 느낍니다.

반려견 소피 = 나의 식구(食口)

이 책은 소피와 저 그리고 세상의 많은 반려견을 기꺼이 식구로 맞이해 살아가는 이들과 '식구'로서 반려견과 함께 하는 식사 방법을 공유하고 싶다는 마음에서 시작됐습니다. 뭐가 좋다 나쁘다로 평가하려는 것이 아니고, 공들여 만든 요리가 반려견에게 최고라고 얘기하고 싶은 것도 아닙니다. 그저 가족으로 살아가는 반려견들의 식사에 대해서 한 번쯤 생각하고 나름의 방식을 찾아갔으면 하는 바람을 담았습니다.
'식사'는 사람에게나 반려견에게나 행복한 시간이고 최고의 교감을 나눌 수 있는 순간이니까요.
그 행복한 식탁을 소개하고자 합니다. 더불어 조금 특별한 저와 소피의 사는 이야기도 담아 봅니다. 저희 둘의 삶을 그리고 행복한 식탁을 찬찬히 탐미해 주시기를 기대합 니다.

CONTENTS

프롤로그 4

소피의 식탁

    소피와 매일 함께하는 소피의 식탁

    반려견 자연식을 준비하기에 앞서 20

        열량 계산법을 알아봐요! 22

        꼭 체크해요! 24

        열량 밸런스를 맞춰요! 27

    강진주의 Tip

           : 황금비율 영양소 맞추는 요령 28

           : 내 반려견, 미식견 만들기 프로젝트 30

    반려동물 전문가들의 tip

           : 반려견 식사, 이렇게 준비하세요 _ 수의사 정설령 33

           : 반려견과의 행복한 생활법 _ 펫케어리스트 최인희 38

           : 강진주만의 소피 키우는 노하우 44

소피와 매일

함께 먹고 나누며 사랑하는 소피와 매일매일

에피소드 1 : 찰나의 마법, 인연　　56

에피소드 2 : 소피야, 일주일에 한 번은 흙 향을 맡게 해 줄게　　62

에피소드 3 : 소피, 엄마가 되다　　71

에피소드 4-1 : 콩이와 떡이와의 짧은 만남　　78

에피소드 4-2 : 64마리의 천사들을 살려주세요　　83

에피소드 5 : 진검승부, 소피와 정진이　　90

에피소드 6 : 멍슐랭가이드, 미식견 돼 볼래?　　96

에피소드 7 : 소피, 파도를 넘다　　108

에피소드 8 : 소피의 참 좋은 개 친구들　　121

에피소드 9 : 시간이 필요해　　126

에피소드 10 : 소피야, 우리 할배 보러 가자　　138

에피소드 11 : 규칙이 필요해!　　144

에피소드 12 : 소피의 단골 레스토랑　　155

　　　　　　　반려견과 함께 외출

　　　　　　　: 반려동물과 함께 갈 수 있는 곳 14　　162

에피소드 13 : 소피에게서 교훈을 얻다　　169

에피소드 14 : 크고 까만 개, 소피　　172

소피도 나도

소피의 식탁, 소피와 나의 식탁

반려견의 식탁을 차리기에 앞서　184

알아두면 좋은 식재료 정보　186

소피의 식탁 활용법　190

반려견 요리가 더욱 쉬워지는 만들어 두면 좋은 기본 요리들

: 만능 채소 퓌레 3종　　레드퓌레　194

　　　　　　　　　　　옐로퓌레　197

　　　　　　　　　　　그린퓌레　198

: 소스와 토핑　　라구소스　201

　　　　　　　　코티지치즈　203

　　　　　　　　피시볼　204

　　　　　　　　소고기미트볼　207

: 육수　　닭육수　208

　　　　　다시마육수　211

　　　　　가다랑어포육수　212

　　　　　멸치육수　215

　　　　　조개육수　217

: 저장 음식　　후무스　218

　　　　　　　돼지고기리예뜨　221

　　　　　　　고등어리예뜨　222

　　　　　　　난각파우더　225

너도 먹고 나도 먹는 요리 레시피

: 기력 돋는 특급 보양식

황태국밥 228
닭 녹두죽 231
렌틸콩 미트볼수프 232
삼치 토로로우동 235
양고기스튜 236
트리파 239
연어 에그그라탕 240
우에보스 아라 플라멩카 243
도뉴나베 244
무사카 247
닭다리 감자찜 248
소고기 옐로퓌레카레 251

: 한 끼 뚝딱 식사

솥밥 255
오야코동 256
비빔밥 259
라구파스타 260
치킨 누들수프 262
돼지고기 감자볶음 265
오리팬구이와 오트밀 266
수제 물만두 268
연어브런치 271
쇠고기와 채소볶음 272

: 다이어트 요리

꼬막 감태밥　　276

소고기 무국밥　　279

미네스트로네　　280

아스파라거스포타주　　283

스이톤　　284

토마토 히야지루　　287

양배추롤　　288

모로코식 채소조림　　291

: 신나게~ 파티 파티!!! 특별한 날의 요리

타코라이스　　295

떡국　　296

팬프리타타　　299

함박스테이크와 삶은 채소　　300

토르티야피자　　302

포토푀　　305

아쿠아파짜　　306

뿌리채소 오븐구이　　309

수육　　311

양고기꼬치와 후무스　　312

파에야　　314

에필로그

개밥 주는 여자, 소피의 식탁　　321

도움 주신 분들　　326

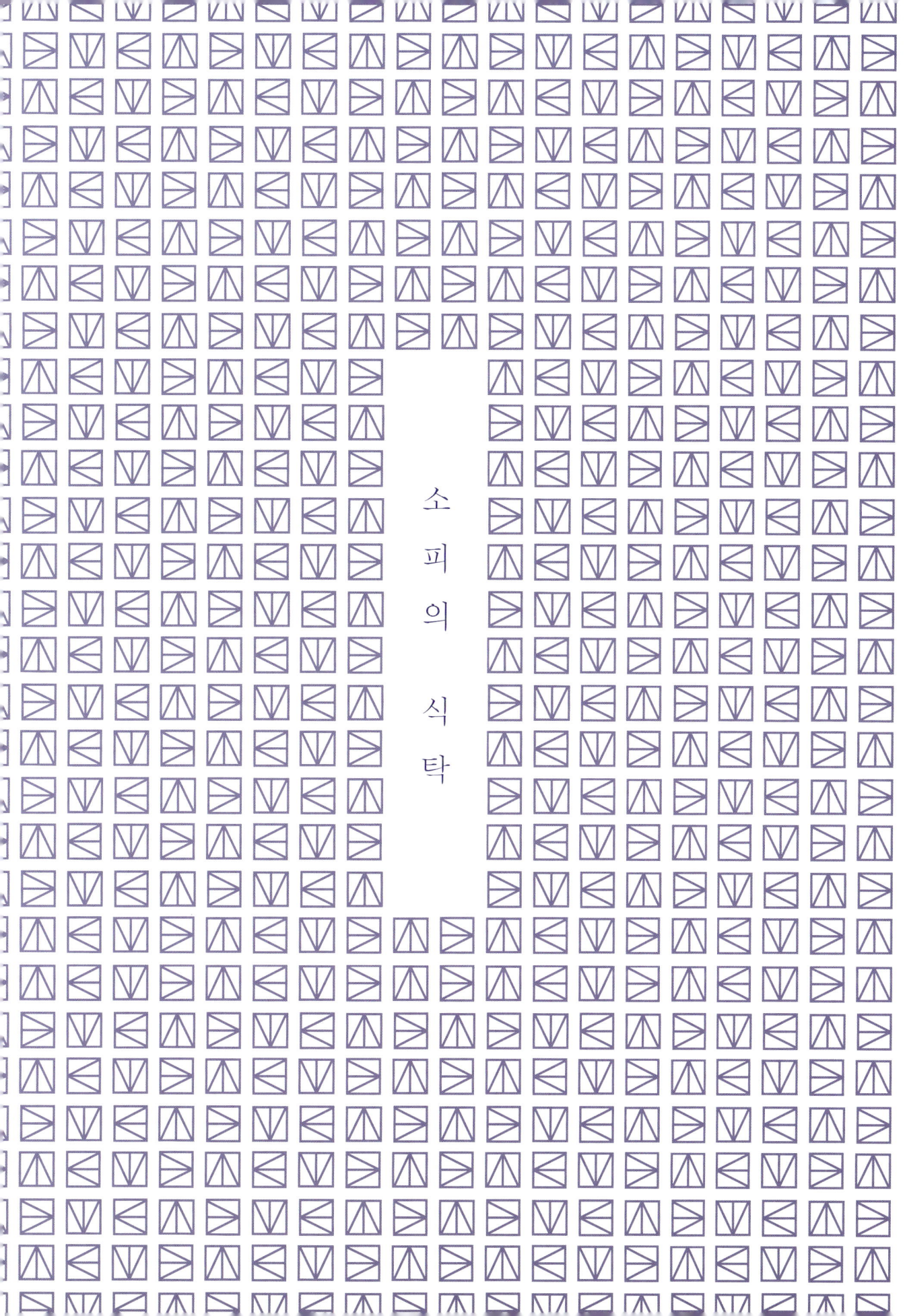

소 피 의 식 탁

소피와 매일 함께하는
소피의 식탁

반려견 자연식을 준비하기에 앞서

반려견의 식사를 직접 만들어 주기로 마음먹었다면, 시작 전에 꼭 체크해야 할 사항들이 몇 가지 있습니다. 어떻게 먹여야 하는지, 얼마나 먹여야 하는지를 반려견 상태에 맞게 준비하는 것이 아주 중요하죠.

첫째, 동물병원이나 반려견 전문 영양센터에 방문해 전문가에게 상담을 받야야 합니다.
사람도 체질과 건강 상태에 따라 주의해야 할 음식, 섭취해야 할 칼로리와 영양 성분이 다르듯이 반려견도 마찬가집니다. 반려견의 상태를 체크하고, 전문가와 상의한 뒤 시작하는 것이 안전한 식사의 첫걸음입니다. 동물 관련 영양학을 전공한 전문가를 찾아 상담하는 것이 가장 좋지만, 현재 국내에는 반려견 영양 상담을 해 주는 곳이 많지 않습니다. 동물 영양에 특히 관심이 많은 동물병원을 찾거나, 평소에 다니는 동물병원에서 상담을 받고 시작하기를 권합니다. 상담을 받을 때 반려견의 현재 건강 상태와 질병, 알레르기 유무, 피해야 할 음식 등이 무엇인지 최대한 구체적으로 알아보는 것이 좋아요.

둘째, 반려견의 하루 권장 섭취 열량을 계산해야 합니다.
반려견의 몸무게와 상태에 따른 상수의 수치를 알아야 필요 열량을 계산할 수 있습니다. 반려견마다 활동량이 다르고, 중성화 수술 여부와 연령에 따라 필요한 열량도 다르므로 상황에 맞게 상수를 곱해야 합니다. 단, 이 계산법은 사료 기준이므로 생식이나 화식을 하는 경우 열량의 50~60%만 급여해야 한다는 점도 기억해 주세요! 자연식은 사료보다 흡수율이 높아서 상대적으로 섭취 열량을 줄여야 합니다. 또한 반려견마다 에너지 대사율이 다르기 때문에 기준 열량의 50~60% 정도의 칼로리를 급여하되, 각각의 상태에 따라 적절히 조절해야 합니다. 이럴 때 도움이 되는 것이 변의 상태나 체중의 변화인데요. 변이 질거나, 단기간에 체중이 늘었다면 섭취량이 많은 것이니 급여량 조절이 필요합니다.

열량 계산법을 알아봐요!

반려견의 하루 권장 섭취 열량 계산법

RER (70 × 반려견 몸무게$^{0.75}$) × 강아지별 상수

RER은 종일 아무것도 하지 않아도 필요한 기초 에너지를 말하는 것으로 반려견 몸무게의 0.75제곱에 70을 곱해 계산한다. 0.75제곱은 공학용 계산기를 사용해 계산하면 편하다. 내 반려견의 연령, 활동량 등에 따라 필요한 열량이 다르기 때문에 아래의 반려견별 상수를 곱한다. 사료 기준으로 만들어진 계산법이기 때문에 생식이나 화식을 할 경우 이 계산법으로 나온 열량의 50~60%만 식사로 제공하도록 한다.

반려견별 상수

중성화를 안 한 경우	1.8	중성화를 한 경우	1.6
노령견	1.4~1.5	비만견	1.2
성장기	2~3	활동량이 많은 경우	2~3
임신중인 경우	4~8	수유기(2개월 이전)	2~8

* 칼로리 계산법을 기준으로 하되, 반려견의 상태와 체질에 따라 하루 섭취량이 달라질 수 있으니 반려견의 상태를 항상 체크해 주세요.

반려견의 섭취 열량 계산 예시

28kg / 중성화 수술을 안 한 / 소피의 경우

*소피의 경우 10살이 넘어 노령견에 속하지만, 나이에 비해 건강 상태와 활동성이 높은 점을 고려해 전문가의 도움을 받아 상수를 선정했어요.

계산법 RER (70 × 반려견 몸무게$^{0.75}$) × 반려견별 상수

(70 × 25$^{0.75}$) × 1.8

= 1,533 kcal

생식이나 자연식의 경우
위 권장 섭취량의 50~60%

= 766~919 kcal

반려견의 하루 권장 섭취 열량 계산법 익히기

몸무게와 상태에 따라 상수 수치가 달라질 수 있으며 필요 열량도 달라진다. 또한 자연식은 사료보다 흡수율이 높기 때문에 사료 기준으로 계산한 열량의 50~60%만 급여해야 한다. 소피는 하루 900kcal 정도로 맞추고 있다.

중성화 수술을 한 경우 하루 필요 섭취 열량

* 상수는 1.6으로 고정 / 생후 2년 이상 된 성견 기준

견종	체중	사료의 경우	자연식의 경우
소형견(10kg 미만)	3 kg	255 kcal	126 ~ 153 kcal
	5 kg	374 kcal	187 ~ 224 kcal
	7 kg	481 kcal	240 ~ 288 kcal
중형견(25kg 미만)	10 kg	629 kcal	314 ~ 377 kcal
	15 kg	853 kcal	426 ~ 511 kcal
	20 kg	1,059 kcal	529 ~ 635 kcal
대형견(25kg 이상)	25 kg	1,252 kcal	626 ~ 751 kcal
	30 kg	1,453 kcal	717 ~ 761 kcal

중성화 수술을 안한 경우 하루 필요 섭취 열량

* 상수는 1.8로 고정 / 생후 2년 이상 된 성견 기준

견종	체중	사료의 경우	자연식의 경우
소형견(10kg 미만)	3 kg	287 kcal	143 ~ 172 kcal
	5 kg	421 kcal	210 ~ 252 kcal
	7 kg	542 kcal	271 ~ 325 kcal
중형견(25kg 미만)	10 kg	708 kcal	354 ~ 424 kcal
	15 kg	960 kcal	490 ~ 576 kcal
	20 kg	1,191 kcal	595 ~ 714 kcal
대형견(25kg 이상)	25 kg	1,408 kcal	704 ~ 844 kcal
	30 kg	1,615 kcal	807 ~ 969 kcal

꼭, 체크해요!

반려견의 상태 확인

동물병원이나 반려견 전문 영양센터의 전문가를 통해 현재 건강 상태와 질병 유무, 알레르기 유무, 피해야 할 음식을 구체적으로 알아보고 확인해야 합니다.

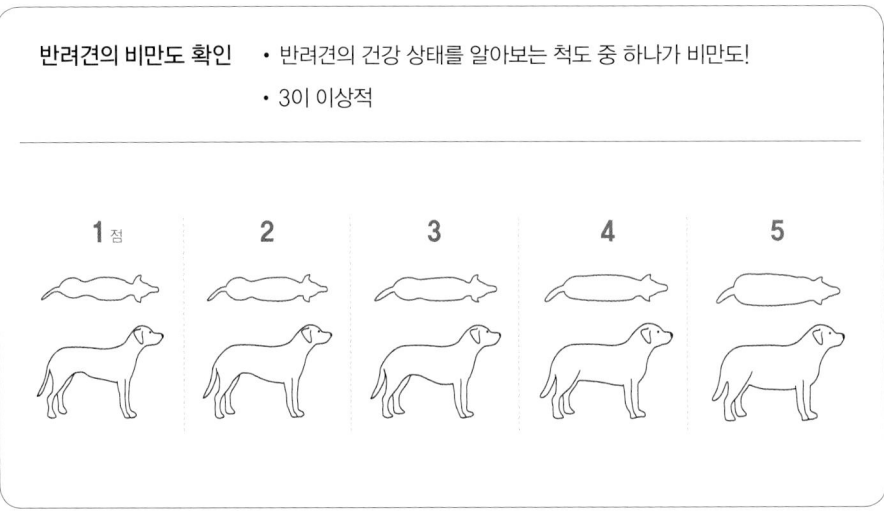

반려견의 비만도 확인
- 반려견의 건강 상태를 알아보는 척도 중 하나가 비만도!
- 3이 이상적

점 수	갈비뼈 · 골반 · 허리뼈	허리(위 · 옆에서 육안으로 확인)	지방량
1	육안으로 보기에 확연히 뼈가 보인다.	• 갈비뼈 뒤 복부가 과도하게 들어가 있다. • 허리 시작 지점이 확연하다.	0~9%
2	육안으로 잘 보이거나, 보이지 않으나 쉽게 만져지며 살(지방)이 느껴지지 않는다.	• 복부가 확연하게 들어가 있거나 육안으로 구분 가능한 정도이다. • 허리 구분이 가능하다.	9~20%
3	육안으로 잘 안 보이나 만졌을 때 뼈를 느낄 수 있으며 과도한 살이 만져지지 않는다.	• 복부의 들어가는 부분이 육안으로 구분 가능하다. • 허리 구분이 가능하다.	20~24%
4	육안으로 안 보이며 두툼한 살이 덮고 있는 느낌의 뼈가 만져진다.	• 복부의 들어가는 부분이 보이나 명확하지 않다. • 허리를 구별할 수 있지만 헷갈린다.	24~35%
5	육안으로 보이지 않으며 살을 눌러 보아도 뼈가 느껴지지 않는다.	• 복부와 허리 모두 보이지 않는다.	35%~

반려견의 배변 상태 확인

반려견의 건강 상태를 나타내는 중요한 척도가 되는 변!

자연식을 시작하기 전과 후의 변화 등을 꼼꼼하게 관찰해 주세요.

건강한 강아지 똥은?

진하지도 연하지도 않은
갈색 똥

쉽게 집어 올릴 수 있을 정도로
단단하고 **화장지에 살짝 묻을
정도의 묽기**

음식 섭취 횟수와 같은
배변 횟수

변 색을 확인해 보세요!

갈색
행복하고 건강한 개로
초콜릿 색깔을 나타낸다.

붉은색 +
항문, 대장에 출혈이
있을 수 있다.

녹색
풀을 많이 먹고 있다는 것을
의미할 수 있다.

노란색
간, 담낭, 췌장에 문제가
있을 수 있다.

흑색
위나 소장의 출혈에
의해 야기될 수 있다.

갈색 + 흰 점
하얀 점은 기생충을 가지고
있다는 것을 의미할 수 있다.

꼭, 체크해요!

반려견 변으로 알아보는 이상 징후와 대처법

다음의 징후들은 이상이 있는 것이니 잘 살펴 보고 적절하게 대처해 주세요.

조금 이상해요, 케어해 주세요!

매우 딱딱하고
건조한 알갱이 모양의 변

이럴 땐 어떻게 하죠?
평소 변비가 없는데도 똥이 딱딱하다면 **수분이 부족하거나 장 운동성이 떨어진 경우**이다.
일시적인 증상이니 **충분한 수분 섭취와 운동**을 해야 한다.

똥 모양은 있지만
수분이 많아 묽은 변

이럴 땐 어떻게 하죠?
일시적으로 약간 무른 변을 본다면 과식이나 평소 먹지 않던 음식 섭취가 원인일 수 있다.
사료량과 갑작스런 배식 변화를 체크하자.

병원에 가야 해요, 위험 신호!

진흙 혹은 액체 형태의 변

이럴 땐 어떻게 하죠?
변이 평소보다 매우 묽을 경우 전염병, 식중독 등과 같은 질병에 걸렸을 확률이 있으므로 전문가에게 진료를 받아야 한다.

피가 비치는 혈변,
점액질로 끈적한 변,
짙은 검은색의 변

이럴 땐 어떻게 하죠?
내장에 출혈, 감염, 질병이 있는 경우의 변이다.
위중한 상태일 수 있으니 즉시 전문가의 진료를 받아야 한다.

* 변은 집었을 때 깔끔하게 잡을 수 있고, 변을 본 바닥에 수분이 살짝 있는 것이 가장 좋은 상태라고 하니 참고해 주세요.

영양 밸런스를 맞춰요!

기본 영양소의 급여 비율

- 반려견 식사를 준비할 때 지방은 단백질 안에 섞여 있는 것으로 가정하고, 육류·어류·유제품·단백질 : 채소·곡류 = 6 : 4 정도로 맞춰 시작하는 것을 추천합니다.
- 탄수화물은 매일 급여하지 않아도 돼요. 급여 시 전체 분량의 10% 정도만 넣으면 됩니다.
- 영양소 밸런스를 맞출 때 가장 중요한 건 반려견의 건강 상태나 체형을 고려해야 한다는 점 잊지 마세요.

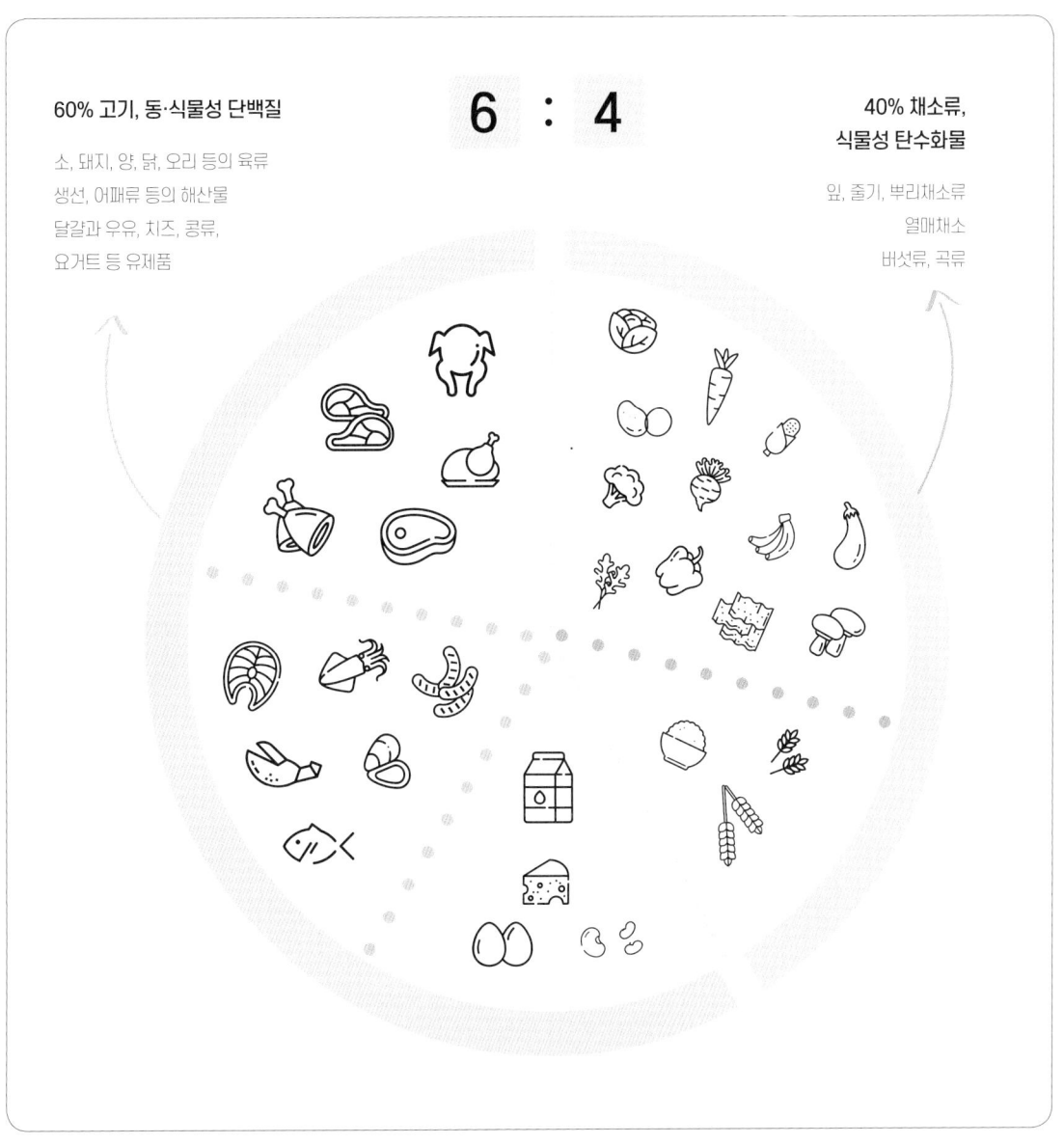

60% 고기, 동·식물성 단백질

소, 돼지, 양, 닭, 오리 등의 육류
생선, 어패류 등의 해산물
달걀과 우유, 치즈, 콩류,
요거트 등 유제품

6 : 4

40% 채소류, 식물성 탄수화물

잎, 줄기, 뿌리채소류
열매채소
버섯류, 곡류

강진주의 Tip

황금비율 영양소 맞추는 요령

Tip 1
반려견의 식사를 챙길 때 영양 밸런스나 분량을 조절하는 일이 쉽지는 않은데요. 칼로리 계산을 한 다음, 여러 번 분량을 맞추는 연습이 필요합니다.

Tip 2
저는 매 끼니 탄수화물을 고집하지 않았어요. 탄수화물은 효율적으로 에너지를 생산하는 데 사용되는데요. 체내의 단백질이나 지방을 탄수화물로 전환해 사용할 수 있기 때문에 끼니마다 탄수화물을 섭취하지 않아도 되거든요. 물론 운동량이 많은 반려견은 챙겨 먹이는 것이 좋지만요.

전체적인 영양 밸런스 유지!

완벽한 영양 밸런스에 집착하지 말고
전체적인 밸런스만 유지!
중심이 되는 육류·어류·유제품·콩류의 단백질의 양을 정하고,
그와 부피가 비슷하거나 좀더 많다 싶을
정도로 채소의 양을 채워 주세요.

곡류는 매번 없어도 괜찮아요

끼니에 따라 곡류는 없어도 무방!
주 1~2회 정도 익힌 밥 또는 잡곡을 익혀주면 된다.

다양한 제철 식재료 활용

제철에 나는 식재료들은 가장 최고의 맛과 영양을 담고 있고,
가격도 저렴하다는 장점이 있지요.
반려견도 나도 질리지 않고
다양한 영양소를 섭취할 수 있는 최고의 방법입니다.

반려견의 상태 체크 또 체크

사람과 마찬가지로 반려견도 매일의 컨디션이 다릅니다.
그에 따라 없던 알레르기나 이상 반응이 나타날 수도 있으니,
변의 상태, 털의 윤기, 체중이나 기운, 눈의 활력을
매일 확인해 주세요.
반려견의 반응을 관찰하고 몸의 체형을 살피면서 식사량을
조절하는 것이 가장 중요함을 잊지 마세요.

반려견의 연령, 건강 상태에 따라 급여 영양소 조절

어린 강아지의 경우 자라나는 성장기이므로 단백질과
지방을 풍부하게 급여하는 것이 중요합니다.
또한 칼슘, 인 등의 무기질도 충분히 급여해야 하죠.
성장기를 지나 성견이 되면 지방의 비율을 줄여 비만을
방지하고, 노령견에게는 단백질의 양을 늘려 체력을 보충해
주는 것이 좋습니다.
한 마디로 고단백 저지방 식단으로 구성하는 것이
핵심입니다. 사람도 건강이나 영양 상태, 지병 등에 따라
영양소 섭취를 달리하듯 반려견도 개별 진단을 한 후
영양소 급여량을 정하는 것이 필요합니다.
또 변의 상태에 따라서도 급여 양이나 영양소를 조절해
주세요.
변이 묽어지면 너무 많이 먹은 것이므로 전체 양을 줄이고,
너무 딱딱하면 양을 늘리는 식으로 조절합니다.

부족한 영양은 보조제 활용

식사만으로 부족한 영양은 영양 보조제로 대체하는 것도
좋은 방법입니다.
반려견별로 필요한 영양 보조제가 다르고,
식품 섭취만으로는 부족한 영양소가 있기 때문에
영양 보조제 선택도 신중하게 해야 하는데요.
현재의 건강 상태를 고려하고 영양학을 공부한 전문가와
상의한 후에 급여하는 것이 가장 좋습니다.

강진주의 **Tip**

내 반려견, 미식견 만들기 프로젝트

소피와 함께 먹는 식탁을 꾸린 지도 벌써 5년이 되어가네요. 소피의 건강 때문에 내 반려견의 먹고 사는 것에 대해 고민이 시작됐는데요. 자연식 이후 몰라보게 좋아진 활력과 여러가지 신체 증후들을 경험한 후, 반려견을 위한 식사에 대해 치열하게 공부하고 전문가들의 조언을 얻으며 소피를 위한 식사 목록을 하나 둘 채우게 됐습니다. 덕분에 지금은 저와 소피가 함께 즐길 수 있는 식사를 매일 준비합니다.
'삼시 세끼 차려내기가 어디 쉬울까?' 라는 부담감에 시도해 볼 엄두가 나지 않는다면 이 책을 천천히 따라 해 주세요. 좌충우돌 경험을 통해 얻은 '너도 먹고 나도 먹을 수 있는' 지속 가능한 쉬운 레시피들로 꾸려져 있으니까요.
오랫동안 지속 가능한 식사. 그리고 그 식사를 위한 준비는 그리 어렵지 않아요!
자, 준비되셨나요?
대한민국 1호라고 자부하는 미식견 소피를 따라 우리 집 반려견의 미식견 만들기 프로젝트! 지금 시작합니다.

1 반려견의 기호 파악

우선 반려견이 좋아하는 음식이 무엇인지 체크해 보세요. 식재료를 조금씩 줘 보면서 기호와 취향을 찾는 것이 중요해요. 미뢰가 없는 대신 후각이 발달한 반려견에게 식재료의 향을 이용해 좋아하는 음식을 찾아 주세요.

2 식재료의 다양한 변화

반려견도 편식은 좋지 않아요. 좋아하는 것만 먹이지 말고 다양한 식재료로 바꿔가면서 그 맛을 알고 음미할 기회를 줘야 해요. 식재료를 바꿔 주는 가장 큰 이유는 다양한 영양소의 섭취를 위해서인데요. 같은 단백질이라도 육류 종류에 따라 흡수율이나 대사율이 다르기도 합니다. 이왕이면 제철에 맞는 식재료를 제공하는 것이 맛뿐 아니라 영양도 풍부하고 다양하게 섭취할 수 있는 식사가 됩니다.

3 식재료의 향을 느끼게 해 주기

이 세상을 다양한 향으로 인식하는 것은 반려견의 특기이자 큰 즐거움 중 하나인데요. 맛을 느끼는 미뢰가 없기 때문에 식사 때에도 맛보다는 향에 집중합니다. 반려견을 위한 식사를 준비한다면 이런 점을 참고해서 식재료 본연의 향과 더불어 다양한 조리 방식을 조합해서 여러 가지 향을 느끼게 해 주는 것이 좋아요.

4 식재료 썰기의 변화 주기

개는 사람의 구강 구조와 다르기 때문에 잘게 자르는 능력이 없어서 잡고 뜯어 먹어야 하죠. 그래서 식재료를 부드러운 상태로 만들어 주어야 잘 먹을 수 있는데요. 같은 재료라도 길게 썰기, 깍둑썰기, 얇게 썰기 등 써는 방법에 변화를 주면 다양한 식감을 느끼게 할 수 있어요. 미각을 발달시키는 좋은 훈련입니다.
단, 소형견이라면 거기에 맞게 작게 썰어 줘야 하는데요. 작게 썰기도 모양을 다양하게 하는 것이 좋습니다.

5 편식을 할 경우, 특단의 조치

반려견의 편식이 너무 심할 경우엔 특단의 조치를 취해야 합니다. 기피하는 식재료를 갈아서 좋아하는 식재료에 섞어 주는 방법이 있고, 현재 급여하는 식재료가 기호에 맞지 않을 수 있으니 식재료를 다양하게 교체해 보면서 식욕을 돋게 하는 방법도 있습니다. 또 반려견이 좋아하는 음성으로 노래를 불러 주면서 식사 시간을 즐겁게 해 보세요.

6 1년에 한 번 정기 검진

수의사와 상담을 한 후 자연식을 시작했어도 반드시 정기 검진은 하는 것이 좋아요. 필요한 영양소를 잘 배분하고 적절하게 줬다고 해도 반려견의 몸 상태가 달라지기 때문에 식사의 변화가 필요할 수도 있습니다.

7 부족한 영양소, 영양제로 보충

자연식으로 식사를 하면서 가장 신경 써야 할 부분이 영양의 밸런스입니다. 하지만 사람의 식사에서도 그렇듯 부족한 부분이 생기기 마련인데요. 그런 부분은 영양제로 보충해 주면 좋아요. 특히 노화와 항산화에 도움이 되는 오메가3 지방산과 장 건강에 도움을 주는 유산균은 챙겨 주는 게 좋아요. 부족한 영양소를 챙길 때는 전문가의 조언을 받고 진행하는 것이 좋습니다.

반려동물 전문가들의 Tip

"반려견 식사, 이렇게 준비하세요"

수의사 정설령

반려견 식사를 준비하면서 생기는 질문들을 모아 한국 영양전문동물병원의 정설령 수의사에게 물었습니다. 정설령 수의사와의 인터뷰를 토대로 정리한 반려견 식사의 주의 사항과 필수 정보들, 찬찬히 읽어 보고 참고하세요.

사료보다 직접 만든 음식이 반려견의 건강에 더 이로운가요?

사료를 먹이다 직접 만든 음식을 먹인 후 가장 많은 이들이 이야기하는 것이, 변의 양이 줄고 모질이 좋아진다는 것이에요. 사료는 기본적으로 열 처리를 여러 번 반복하기 때문에 식품의 영양이나 효능이 많이 떨어져 있는 상태며 소화 흡수율도 상당히 떨어집니다. 또한 시중에 유통되는 과정에서 곰팡이 등 독소로 오염될 위험이 있으며 유통을 위해 필수적으로 보존제가 들어갑니다. 어떤 재료를 쓰는지 확인할 방법이 없다는 것도 큰 문제입니다.

일반 사료에 들어가는 고기의 양과 사료의 가격을 생각해 본다면 사람에게는 쓰지 않는 질 낮은 재료를 쓰는 경우가 많다는 사실과 대면하게 되죠. 반려견 선진국인 유럽이나 미국조차도 사료 겉면에 쓰인 재료와 실제 사료에 쓰인 재료가 40%나 달랐다는 연구 결과도 있습니다. 우리나라의 경우도 크게 다르지 않을 것으로 예상됩니다. 최악의 경우 오리고기를 썼다고 하고 닭고기를 넣는 경우도 있죠. 또 개봉 후 진드기가 살기도 하는 등 사후 관리의 문제도 생깁니다.

건국대학교 수의학과 졸업
충북대학교 수의학 석사과정 수료
2015 ~ 2016
Journal of Korean Animal Hospital Association에 수의 임상 영양학 기고
現 한국 수의임상영양학연구회 이사
現 삼성 안내견센터 지정 영양자문 수의사
現 한국 반려동물영양연구소 대표이사
現 한국 영양전문동물병원 원장

사료를 급여하는 경우 사료 선택은 어떻게 해야 할까요?

사료는 현실적으로 영양 밸런스를 손쉽게 맞출 수 있다는 장점이 있습니다. 또 직접 음식을 만들기 어려운 이들에게는 사료만 한 것이 없죠. 사료를 급여한다면 사료 봉투에 적힌 영양 성분표를 꼼꼼히 따져 보고 급여하세요. 물론 사료에 적힌 영양성분표 자체가 틀린 경우도 있기 때문에 완전히 안심할 수는 없습니다. 저렴하다는 이유로 대용량을 사서 수개월 동안 급여하면 미생물의 번식 및 산패로 인해 문제될 수 있으므로 한 번 개봉하면 1달 이내에 먹일 수 있도록 소량씩 구입하는 것이 좋습니다.

생식과 화식 중 무엇을 선택해야 할까요?

생식이 영양학적 측면에서 흡수율이 더 높지만 미생물에 의한 오염 등의 문제가 있어 현실적으로 급여의 어려움이 따릅니다. 식물성 재료의 경우 생으로 섭취하면 생채소의 박테리아 등에 오염될 위험이 있고 흡수율이 매우 떨어지기 때문에 푹 익혀서 갈아주는 것이 소화 흡수 면에서도 좋습니다.

사료에는 굉장히 다양한 영양소가 들어있는데, 자연식을 할 경우 영양소가 불충분하지는 않나요?

옆쪽 표의 영양소는 자연의 재료에서 얻기 힘들거나 과도하게 섭취할 위험이 있는 군으로 특정 식품에서 섭취하거나 영양제의 도움을 받는 것이 좋습니다. 특히 특정 식품군을 매일 급여하기 힘들 경우에는 영양제를 쓰는 것이 필수죠. 영양제를 고를 때에는 반려동물 영양 전문 수의사나 반려동물 영양을 깊이 있게 공부한 전문가에게 상담받기를 권합니다.

반려견에게 음식을 줄 때 잘게 잘라서 주어야 한다고 들었지만 어떤 개는 큰 조각을 선호하기도 합니다. 무조건 잘게 잘라 주는 것이 좋은가요?

반려견에게 음식을 줄 때는 소화가 잘 되고 목에 걸리지 않도록 재료를 잘게 잘라 주는 것이 좋습니다. 이 책은 대형견을 기준으로 만들었기 때문에 특히 소형견은 이 책에 나온 음식들보다 더 잘게 잘라 줄 것을 권합니다. 하지만 음식의 크고 작음에 따라 호기심을 달리 보이는 반려견도 있기 때문에 반려견의 크기나 기호에 따라 가끔은 큰 조각을 주어도 괜찮습니다.

반려견에게 꼭 필요한 영양소

비타민 B¹, D, E   비타민 B¹은 돼지고기, 비타민 D는 홍연어와 대구 간유, 달걀노른자에 들어 있지만 이것만으로는 부족하고 비타민 E 역시도 견과류에 들어있으나 그 양이 현저히 부족하여 영양제의 도움을 받는 것이 좋다.

오메가3 지방산   등푸른생선 등에 풍부하게 함유된 것으로 알려져 있지만 자연식에서 얻는 정도로는 양이 부족해 오메가3 지방산 제품을 따로 급여하는 것이 좋다.

철   선지 등 동물의 혈액에 풍부하다.

망간   해산물과 오트밀에 풍부하다.

구리   소, 간 등 동물의 내장에 풍부하다.

아연   다른 식품보다도 굴에 월등히 많이 함유되어 있고, 소고기에도 풍부하다.

요오드   다시마와 미역 등에 풍부하다. 마른 다시마와 미역의 경우 물에 충분히 불려 불린 물까지 함께 급여한다. 다시마와 미역의 겉에 있는 염분 정도는 크게 걱정하지 않아도 된다.

셀레늄   닭가슴살에 풍부하다.

칼슘   칼슘은 너무 많아도, 적어도 문제가 된다. 과다 섭취하지 않도록 주의해야 하지만 부족하면 성장기나 노령견의 뼈 건강에 문제가 생긴다. 난각 칼슘이나 해조 칼슘 등의 제품을 활용하거나 돼지, 소, 닭 등의 생뼈를 곱게 갈아 급여한다.

반려견에게 염분 섭취는 독일까요?

    강아지에게도 적정량의 염분 섭취가 필요합니다. 다만 이미 식재료가 지니고 있는 기본 염분이면 충분하기 때문에 별도로 소금을 넣어 조리할 필요가 없습니다. 과한 염분 섭취는 노령견, 혹은 질환이 있어서(특히 심장, 신장, 간 질환의 경우) 저염식을 해야 하는 반려견에게는 치명적이기 때문에 조심해야 합니다. 간혹 자견(생후 1년 이하의 강아지)의 경우에는 식재료 그 자체가 가지고 있는 염분만으로는 모자랄 수도 있어서 극소량의 염분을 추가해도 좋습니다.
    사람에게 나트륨의 역할은 맛을 더 느끼게 하는 것인데, 개는 기본적으로 맛을 못 느끼기 때문에 염분이 덜 필요합니다. 체액 조절이나 근육이 일하려면 나트륨이 필요하므로 반드시 섭취해야 하지만, 개는 자연적으로 생성된 염분만으로도 충분합니다.

반려견에게 당 섭취도 금해야 하나요?

    기본적으로 반려견에게 음식을 줄 때는 설탕 등 당류가 들어 있는 것은 피해야 합니다. 특히 개들도 사람과 마찬가지로 달콤한 맛을 좋아하기 때문에 한번 맛 들이면 계속 그 맛을 찾게 되어 비만 등의 성인병을 유발할 수 있으므로 아예 맛을 들이지 않는 것이 좋습니다. 당뇨병이 있는 반려견의 경우 병이 악화될 수 있어요. 단, 물을 너무 마시지 않거나 나이가 들어 기력이 없는 반려견에게는 꿀이나 설탕을 아주 약간 탄 물을 급여하는 정도는 괜찮습니다. 이때 꿀은 위생적인 환경에서 생산된 것으로 골라야 합니다.

아무리 건강에 좋은 식재료라 해도 우리 집 강아지는 먹기를 거부한다면, 어떻게 해야 하나요?

    아무리 몸에 좋은 음식이라고 해도 반려견이 싫어한다면 소용이 없습니다. 억지로 먹이려 하기보다는 해당 식품의 영양소를 섭취할 수 있는 대체 재료를 찾거나, 곱게 갈거나 잘게 잘라 다른 음식과 섞어 주는 방식으로 시도해 보세요. 물 하나조차도 어떤 강아지는 찬 물을, 어떤 강아지는 실온의 물을, 어떤 강아지는 따뜻한 물을 좋아하는 등 기호가 제각각이므로 반려견이 식욕이 없거나 음식을 잘 먹지 않는다면 관심을 두고 기호를 찾아 줘야 합니다. 같은 식재료라도 온도나 조리 방법, 크기 등에 따라 다른 기호를 지닐 수 있습니다.

절대 금해야 하는 식품은 무엇인가요?

    포도, 양파, 파, 마늘, 초콜릿, 부추, 커피, 마카다미아, 자일리톨, 자두나 복숭아 등 과일의 씨앗, 익힌 뼈 등은 절대 먹이지 말아야 합니다.

위험하다고 알려진 식품, 반려견에게 먹여도 괜찮을까요? `YES or NO!`

조개, 새우 등의 어패류 `YES`

조개나 새우는 양질의 단백질과 육류로 섭취하기 어려운 미네랄과 오메가3 등의 영양소가 풍부한 식재료다. 하지만 급여할 때 신경을 써야 할 부분이 있다. 반드시 익혀서 줘야하고 소량씩 공급하면서 반려견의 변화 여부를 꼼꼼히 살펴야 한다.

오징어와 문어 `부분적 YES`

오징어는 좋은 단백질 공급원이다. 오징어가 위험하다고 알려진 이유는 소화불량을 일으키기 때문인데 조금씩 갈거나 잘게 잘라 주는 것은 좋다. 단, 너무 날것이거나 혹은 너무 익히면 질겨져 소화가 안 되기 때문에 부드럽게 익혀 주도록 한다.

버섯 `부분적 YES`

해외의 경우 알려지지 않은 다양한 독버섯의 위험 때문에 버섯을 금하지만 국내에서는 자주 먹는 새송이버섯이나 양송이버섯, 표고버섯 등은 권하는 편이다. 특히 익힌 뒤 갈아주면 소화 흡수율을 높일 수 있다.

수박, 참외 등 수분 많은 과일 `부분적 YES`

설사나 소화불량 등을 일으킨다고 알려졌지만 씨앗 부분을 제거해 주면 안전하다.

우유 `부분적 YES`

사람이나 반려견이나 우유를 섭취했을 때 소화불량, 복통 등을 일으키는 것은 우유 속 유당인 락토스(lactose) 때문이다. 하지만 신생아나 아기 강아지가 먹는 어미의 젖에도 이미 락토스는 함유되어 있다. 어미젖을 먹던 시절부터 성견이 될 때까지 꾸준하게 우유를 급여한 반려견은 우유를 먹어도 탈이 나지 않는다. 하지만 어미젖을 먹은 이후 우유를 한동안 먹지 않아 락토스를 잘 소화시키지 못하는 반려견이라면 무조건 락토프리 우유만 먹이기보다는 일반 우유를 아주 조금씩 급여하면서 점차 양을 늘리는 것이 좋다. 이 책에 나오는 코티지치즈의 경우 우유의 유청을 제거해 만들기 때문에, 코티지치즈를 조금씩 급여하다가 우유를 급여하는 것도 좋은 방법이다.

레몬 `NO`

레몬에는 아주 소량이지만 독성이 들어 있을 수 있다.
반려견용 코티지치즈 등을 만들 때도 레몬즙 대신 일반 식초를 사용하는 것을 권장한다.

---

*반려견이 먹으면 안 되는 식재료는 189쪽에 자세히 나오니 참고하세요.

이밖에도 안전하다고 생각하는 식품도 반려견에 따라 알레르기 반응을 보이기도 하기에 반려견별 알레르기 테스트를 받아보는 것이 좋습니다. 또한 과유불급이라고 좋은 식품도 너무 과하게 먹으면 탈이 날 수 있으므로 적정량을 주는 것이 중요합니다.

"반려견과의 행복한 생활법"

펫케어리스트 **최인희**

'반려견을 어떻게 입양하고 어떻게 생활하는 것이 좋을까?' 반려견과 함께 살다 보면 생활 속 진짜 조언들이 필요할 때가 있잖아요. 그런 답답함을 최인희 펫케어리스트와 함께 풀어 봤습니다. 25년간의 경험을 담은 '반려견과 잘 먹고 잘사는 방법'에 관한 이야기!
찬찬히 읽어봐 주세요.

반려견과의 생활은 '케어'에서 시작해서 '케어'로 끝이 난다.

반려견과 생활하기 위한 첫걸음, 가장 필요한 것이 뭘까요?

'반려견과의 생활'에 대한 선택을 충분히 고민하고 결심하고 다짐해야 합니다. 그리고 철저하게 준비하는 것입니다.

가장 먼저 자신에게 물어 보세요. '나는 왜 강아지를 키우려고 하는가?'라고요.

그저 '예쁘고 귀여워서'라고 하기에는 강아지와 함께 생활하는 순간 내 삶은 이전과는 완전히 달라진다는 것을 고려했으면 합니다. 반려견과 함께 생활하는 것은 많은 결심과 결단이 필요한 일입니다. 반려견과의 생활만 25년째라 그 시간만큼 많은 크고 작은 경험을 통해 배운 것이 바로 '시작의 선택이 얼마나 중요한가'입니다. 결심과 다짐 그리고 준비가 가장 필요합니다.

現 홀리케어바프 대표
現 대한민국 1호 펫케어리스트

반려견의 입양을 결정했다면 어떤 준비를 해야 할까요?

최우선적인 준비는 바로 '케어'에 대한 인식이라고 생각합니다. 반려견이 내 품에 안기는 그 순간부터 내 품에서 눈을 감는 순간까지 단 한 순간도 '케어'를 떼어 놓고는 이야기할 수 없기 때문인데요.

우리가 반려견과 함께 살아가는 것은 생활방식이 너무 다른 두 개체가 만나서 한 공간에서 지내는 과정입니다. 이 과정이 좀 더 원활하려면 교육하고 배려하고 돌보는 마음을 가져야 하는데요. 이 모든 것을 저는 케어로 보고 있습니다.

이 케어가 어떻게 되느냐에 따라 반려견뿐 아니라 내 삶의 질이 달라집니다. 이웃들과의 문제도 줄어들 겁니다.

반려견 '케어' 어떻게 시작해야 할까요?

케어의 시작은 바로 공부입니다. 이후 전문인력들을 구성해야 합니다.

우선 반려견과 생활을 해야겠다고 마음을 먹으면 우리는 무조건 '공부'를 해야 합니다. 요즘 워낙 반려견과 관련된 콘텐츠가 많고 접할 곳도 많다 보니 보고 들은 것들이 적지는 않을 겁니다. 하지만, 진짜 내가 반려견과 생활할 마음을 먹었다면 이렇게 알게 된 지식은 상황과 환경이 고려되지 않아, 딱 맞는 정보라고 하기에는 부족할 수 있습니다.

반려견 종에 대한 특징을 파악하는 것부터 교육, 간단한 의학 정보 및 식사 등을 공부하는 것이 좋습니다. 공부한 다음에는 주변에 전문가들을 찾아야 하는데, 가장 중요한 건 반려견의 주치의인 수의사입니다. 여러 동물병원에 다녀 보고 잘 맞는 선생님을 결정해야 합니다. 훈련사와 미용이 필요한 반려견이면 잘 맞는 훈련사와 미용사도 찾아야 합니다. 내 반려견이 생활을 잘 할 수 있도록 전문 인력을 구성하는 것 역시 케어의 큰 부분이고, 이를 관리하는 것이 바로 반려인이라고 생각합니다.

반려견 입양 시 꼭 고려해야 할 부분이 뭘까요?

먼저 자신의 라이프 스타일을 파악해 견종을 선택하는 것이 좋습니다. 예를 들어서 나는 작은 원룸에 살고 출퇴근 시간도 일정하지가 않다면 크기가 작고, 털 빠짐도 덜 하고 운동성이 그리 높지 않은 견종을 고르는 것이 좋습니다. 마당이 있거나 공간이 충분하고 집에서 많은 시간을 지내는 경우에는 대형 견종이나 짖음이 있는 견종도 가능합니다. 견종을 골랐다면 주변에서 가정견을 알아보는 것이 좋고, 그게 아니라면 믿을만한 전문 브리더를 통하는 것도 나쁘지 않습니다. 만일 시간이 넉넉하거나 반려견과 생활해 본 경험이 있는 경우에는 유기견이나 그들의 자견들도 매우 좋습니다.

혹시 어린 강아지를 입양한다면 대략 60일 정도 이후에 집으로 데리고 오는 것이 좋습니다. 여기서 주의해야 할 점이 하나 있습니다. 만일 집에 이미 반려견이 있는 경우에는 반드시 입양하는 반려견과 2주 이상을 따로 분리해서 두어야 합니다. 홍역이나 파보 등의 전염병은 잠복기가 2주이기 때문인데, 이런 상황을 고려하지 않고 같이 둘 경우 모두에게 큰 문제가 일어날 수 있으니 주의해야 합니다.

반려견 교육, 어떻게 시작하고 어떻게 진행하는 것이 좋을까요?

가장 중요하고 우선시 되어야 하는 것은 바로 반려인 즉 사람의 생각이 바뀌는 것입니다. 보통 훈련소에서 훈련을 아주 잘 받았는데도 집에 오면 원래대로 되는 경우가 바로 이 때문입니다. 반려견만 훈련을 받고 반려인은 어떤 교육도 받지 않으면, 반려견 역시 예전의 버릇이 다시 튀어나오게 됩니다. 사람이 먼저 바뀌고 교육을 받는 것이 우선입니다.

교육할 준비가 돼 있다고 한다면 다음 2가지를 먼저 인지했으면 좋겠습니다. 안 된다는 것을 인정하고, 현재 상태에 대해 파악하는 것입니다. 사실 대부분의 교육은 거의 안 된다고 보는 게 맞습니다. 반려견과 나는 엄연히 다른 개체입니다. 당연히 언어도 다릅니다. 그런데 몇 번 이야기했는데도 못 알아 듣는다며 반려견을 탓하거나 큰소리치는 경우를 꽤 보게 됩니다. 그런다고 알아들을까요? 반려견은 오히려 더 주눅이 들고 반려인과의 소통이나 교감에 문제가 생길 수도 있습니다. 그리고 또 중요한 것 중의 하나가 반려견과 나의 현재 상태를 인지하는 것입니다.

특히 반려견의 성향이라든지 건강 상태, 평소 습관 등을 잘 고려한 뒤 교육을 하면 효과도 좋고 서로의 스트레스를 줄일 수 있을 겁니다.

세 번째는 기다려 주는 것입니다. 이것은 단순한 기다림에 대한 것뿐 아니라 시간에 대한 이야기이기도 합니다. 시그널이 다른 두 개체가 서로를 이해하기 위해서는 시간이 필요합니다. 그런데 시간이 없어서 바쁘다는 이유로 그냥 넘어가고 편한 대로만 한다면 어떤 교육도 어려워집니다. 그리고 반려견과 나 사이의 규칙이 있다는 사실을 꾸준히 끊임없이 알려줘야 합니다. 말이 쉽지 뭐든 꾸준히 하기는 어려운데요. 그래서 기다려주는 연습이 필요한 겁니다.

마지막으로 필요한 것은 원칙을 세우는 것입니다. 원하는 교육 부분의 강도는 모두 다르고, 교육으로 인해 어떤 결과를 내고 싶은지에 대한 것도 다를 겁니다. 그런 부분에 대한 원칙을 세우고 그에 맞춰서 교육하는 것이 무엇보다 중요합니다.

배변 훈련은 어떻게 해야 할까요?

배변 교육의 가장 기본은 긍정과 칭찬입니다. 반려견이 우리 집에 와서 첫 번째 배변을 하는 순간이 무척 중요합니다. 이때는 무조건 칭찬하고 배변하는 행위가 얼마나 좋은 행동인가를 인지시켜 주는 것이 좋습니다. 식분증이라고 간혹 자신의 배변을 먹는 반려견들이 있는데 이런 경우 역시 배변에 대한 안 좋은 기억이 원인이 되기도 합니다. 어느 정도 배변 훈련이 됐다 싶으면 다음에는 같은 장소에서 배변을 할 수 있도록 유도해 줘야 합니다. 이때 반려견과 나와의 사인이 있는 것이 좋습니다. 배변 장소는 바뀔 수가 있기 때문에 그런 때를 대비해서 배변 시 똑같은 사인을 주면서 '어떤 사인 = 배변'이라는 교육을 하면 도움이 됩니다.
예를 들어 우리 반려견이 배변할 때마다 칭찬해 주면서 '응가'라던지 '쉬' 같은 단어를 반복해서 써 주세요. 그런 것이 익숙해지면 낯선 공간에 가서도 익숙한 단어들을 사용해서 배변 활동을 이끌어 줄 수 있습니다.

즐거운 산책 교육 방법은?

야외 산책을 시작하기 위해서는 먼저 실내에서 리드줄에 대한 적응부터 해야 합니다. 무조건 밖으로 데리고 나간다면 산책에 대한 좋은 인식을 심어주기도 전에 무섭다는 생각이 들게 할 수 있기 때문입니다. 리드줄이 익숙해지면 조금씩 밖으로 나가는 훈련을 시작해야 합니다. 처음에는 그냥 문 밖에 잠시 나갔다 들어오는 것부터 해서 시간을 조금씩 늘려주는 것이 좋습니다.

반려견에 따라 적응 속도가 다르므로 상태를 봐가면서 조절해 주는 것이 좋습니다. 그러기 위해서 내 반려견에 대한 관심과 관찰이 필수입니다.

산책할 때 사람들과의 만남은 준비된 사람부터 시작하는 것이 좋습니다. 준비된 사람이라고 한다면 반려인이 잘 아는 지인, 그것도 반려견에 대한 지식이 있는 사람들이어야 합니다. 산책하러 나갔는데 잘 모르는 사람이 무턱대고 다가와 만지려 들면 이후 사람들에 대한 인식이 좋지 않을 수 있습니다. 다른 반려견들과의 만남에서도 적용되는 부분입니다. 단 이런 과정 전에 먼저 내 반려견의 성향을 파악해 두는 것이 좋습니다. 경계심이 강하다면 그런 과정조차도 멀리서 지나가는 것에서부터 조금씩 가까워져 가는 과정이 필요하다는 것 잊지 마세요. 교육에 정도는 없습니다. 기본적인 방식만 비슷하지 모두 내 반려견의 성향과 상황, 계절 등 여러 가지 것들이 고려되어야 한다는 점 기억해 주세요.

노령견 케어 방법은?

노령견들의 케어는 면밀한 관찰에서부터 시작되는데요. 관찰 방법은 크게 3가지로 걸음걸이, 식욕, 촉진입니다.

우선 걸음걸이를 통해서 반려견의 관절 상태를 볼 수 있지만, 체력도 확인할 수 있습니다. 뛰듯이 다녔던 반려견이 갑자기 걸음걸이가 느려졌다는 것은 체력적인 문제일 수도 있지만 다른 질병의 사인일 수도 있으니, 평소 잘 확인해야 합니다.

다음은 식욕입니다. 사람이나 강아지나 식욕이 없다는 것은 어딘가 불편하다는 것이니 잘 살펴봐야 합니다.

마지막으로 촉진인데요. 반려견의 몸 이곳저곳을 자주 만져 주고 관찰해야 합니다. 나이가 들면 크고 작은 종양이나 혹들이 생기는데, 그걸 알아차리기 위해서는 평소 촉진을 자주 해서 반려견의 몸을 잘 관찰하는 것이 좋습니다. 한 가지 더 얘기하자면 대소변의 변화 또한 중요한 시그널이 되기도 합니다. 갑자기 소변량이 늘었다던가 색이 달라졌다거나 하면 그 역시 문제가 될 수 있는 사항이니 관찰이 필요합니다.

반려인이나 예비 반려인들에게 해주고 싶은 말은?

반려견과 생활한다는 것은 큰 기쁨이고 행복입니다. 하지만 그걸 위해서 우리는 많은 것을 준비해야 합니다. 반려견과 함께 사는 건 교육이 아니라 '케어'가 기본이라는 것! 케어는 평생을 걸쳐 해야 하다는 점 잊지 말아 주시기 바랍니다.

그리고 반려견이 바뀌는 게 아니라 우리가 바뀌어야 한다는 것, 그것이 반려인이 되는 첫걸음이라는 점 꼭! 기억하시기 바랍니다. 이 두 가지만 잘 이해한다면 우리는 좀 더 행복하게 반려견과 생활할 수 있을 겁니다.

강진주만의
소피 키우는 노하우

평소 '훈련 잘된 개'라는 칭찬을 많이 듣는 소피. 타고난 기질도 있지만,
특별한 교육에 그 이유가 있습니다!
강진주만의 소피 키우는 노하우를 살짝 공개합니다.

1 정확한 규칙을 정할 것!

소피와 가족으로 함께 살기 위해서는 정확한 규칙을 세우고, 단호하게 교육해야 한다고 생각했죠.
어제는 되고 오늘은 안 되는 규칙 말고, 소피에게 '되는 일' '안 되는 일'을
정확하게 구분 지어 주고, 그 규칙을 따르게끔 교육했습니다.
그래서 소피는 안 되는 일에 금세 꼬리를 내리고 쉽게 포기하는 편인데요.
안 되는 일에는 단호하게 'NO'라고 가르치고, 칭찬할 일이 있을 때는 '예쁘네' '착하네' '소피 굿'을
반복하고 스킨십을 하며 과하게 표현합니다.
또 중요하게 생각하는 것이 눈을 맞추는 겁니다. 놀 때나 산책할 때도
중간중간 눈을 보면서 교감을 하는 것이 제 노하우입니다.

2 놀아줄 때는 확실히, 혼낼 때는 단호하게!

'당근과 채찍'은 매우 중요합니다. 재미있게 놀아 줄 때는 확실하게 놀아 주고, 혼내야 할 때는
단호하게 혼내요. 그래서 저는 놀아 줄 때는 자유롭고 행복하게, 사랑받고 있다는 것을 느낄
수 있게 노력하고, 잘못한 행동이 있을 때는 다시는 그런 상황이 생기지 않도록 확실하게
혼내는 액션을 취합니다. 잘못된 행동을 했을 때는 최대한 빨리 그 행동에 대해 훈육하는 것이
좋더라고요. 간혹 몽둥이를 드는 경우가 있는데, 절대 직접 때리지 않고, 바닥을 치거나 음성으로
강조해 훈육합니다. 애매모호하게 행동하면 '당근과 채찍'을 잘 구분 못 하게 되기 때문에 정확한
태도로 일관성 있게 훈육하는 것이 좋다고 생각해요.

3 같은 말을 반복!

소피에게 같은 단어나 음절 등을 자주 말하는 편인데요. 예를 들어 '남산' '맘마' 등의 단어와
'쫑쫑쫑쫑쫑쫑' 등 소피와 나만의 노래로 소피와 대화를 합니다. 특히 하이톤의 목소리로 소피에게
정확하게 반복적으로 단어를 말해주면 소피는 쉽게 반응하며 친근함을 느끼는 것 같더라고요.
같은 말을 하더라도 톤을 높여서 이야기하면 소피가 더 좋아하거든요.
반려견과 통하는 단어와 음절로 끊임없이 대화하고 훈련하는 것이 꼭 필요하다고 생각해요.

4 명령어 구사

'Stay' 'Sit' '엎드려' 같은 짧고 정확한 명령어로 소피의 행동을 통제하는 것도 중요한 방법인데요.
명령어도 반복적으로 말해 소피가 빨리 알아듣고 반응할 수 있도록 하는 것이 노하우죠.
정확하게 단호하게 말하는 명령어에 따라 소피의 행동도 달라지더라고요.

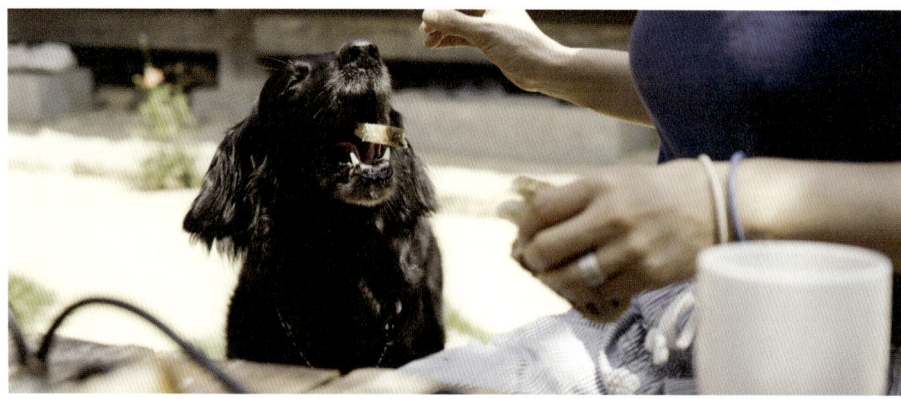

소피와 진주의 언어 犬사전

고 Go	가자
노 No	안 돼
굿모닝 Good Morning	매일 아침 소피와의 인사
자, 굿나잇 Good Night	자자
먹어 Eat	먹자
쿠키 Cookie	간식
남산 Namsan	산보
맘마 Mamma	밥
업 Up	차에 탈 때
릴랙스 Relex	소피를 안심시키거나 병원 갈 때, 샤워할 때
끝 (두 손 벌려)	간식을 다 먹어 포기하게 만들 때
빽 Back	차에서 뒤로 가게 하거나 어느 공간에서 뒤로 가게 할 때
스테이 Stay	멈추게 할 때
앉아, 엎드려 Sit	놀아달라고 칭얼거리거나 보챌 때
소피 천재	소피에게 향하는 극찬
쉬	배변
물	물 먹자
볼	장난감

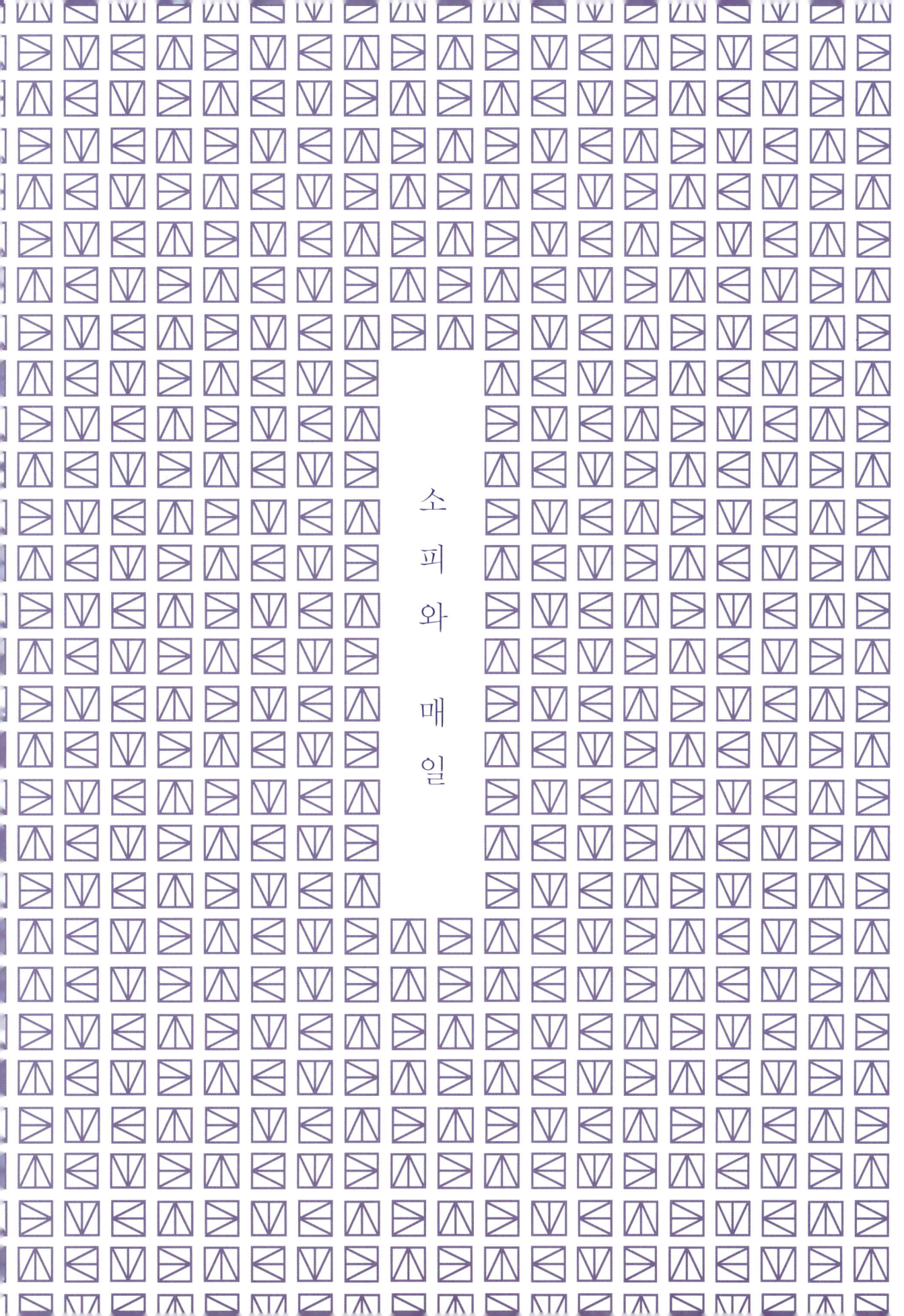

소 피 와 매 일

함께 먹고 나누며 사랑하는 소피와 매일매일

에피소드

식구(食口)

사전적 의미 | 한 집에서 함께 살면서 끼니를 같이하는 사람

소피, 바로 너구나!
나의 식구, 소피!

에피소드 1

찰나의 마법,
인연

첫눈에 반하는 그 순간, 마법 같다고 얘기하는 그런 순간이 살면서 몇 번이나 찾아올까요?
아마 평생 한 번도 경험하지 못하고 지나가는 이들도 많겠죠?
13년 전, 소피와 눈이 마주치기 전까지는 그저 남의 얘기겠거니 영화 속의 얘기겠거니 했습니다. 하지만 제게도 그 비현실적인 순간이 찾아왔습니다.
두려움과 호기심이 가득 차 있는 소피의 까만 눈에서 잠시도 시선을 떼지 못했던 그 순간!
소피와 저의 첫 만남이 그랬습니다.
강력한 눈빛에 끌려 주변의 어떤 것도 보이지 않고 오직 소피의 눈에만 자석같이 시선이 붙어버린 찰나, 그 느낌을 생각하면 지금도 뭔가 찌릿하고 온몸에 소름이 돋아 오릅니다.
그만큼 제게는 강렬했던 순간인데요. 그렇게 소피와 저는 만났습니다.

소피는 까만 털의 플랫 코티드 리트리버로 우리나라에서는 보기 힘든 귀한 견종인데요.
이천에서 도자기 공방을 하는 저의 지인이 자신의 강아지와 짝을 맺어주기 위해서 미국에서 어렵게 데리고 온 아이였습니다. 이미 주인이 있는 아이라 제 맘대로 하지도 못하는 상황이었지요.

소피와 강렬한 만남을 뒤고 하고 다시 서울로 올라오게 됐죠. 그날 이후로 제 머릿속은 온통 소피 생각뿐이었습니다. 연애할 때도 이러지는 않았는데…. 제대로 소피 앓이를 했죠.
그렇게 며칠을 고민하던 끝에 내린 결론은 '어떻게든 소피를 데려오자'였습니다.
그 길로 바로 지인의 공방으로 가서 소피를 데려왔죠. 소피 사진을 찍겠다는 핑계를 대면서요.

태어난 미국을 떠나 먼 태평양을 건너 내 가족이 되어 준 소피. 이 엄청난 인연의 끝이 어떨지 모르겠지만 ….
"소피야
우리 함께 살아 보자!"
그렇게 소피와 저의 생활이 시작됐습니다.

이후 어땠냐고요? 그야말로 난리도 그런 난리가 없었습니다.
아무런 준비 없이 시작하다 보니, 심 봉사가 심청이 젖동냥하듯이 여기저기에 묻고 배웠죠. 그런 과정에서 실수도 참 많았습니다. 하지만 똑똑하고 제 맘을 이해해 주는 것 같은 소피 덕분에 저희는 13년째 동거하며 한식구로 잘살고 있습니다.

반려견을 식구로 맞이하기가 망설여진다면
아이의 눈을 가만히 바라봐 주세요.
그 눈을 보면 느낌이 올 거예요.
찌르르한 느낌과 눈빛이 느껴진다면
바로 그 아이와 식구의 인연이 있는 거 아닐까요?
저처럼요.

진주의 언어 #1

인연의 시작은 처음부터 알지.
그 느낌은 수천만 명의 지구인들이 간절히 기다리는 소망.
첫 느낌만 기억하자.

에피소드 2

소피야,
일주일에 한 번은
흙 향을 맡게 해 줄게

흙내음, 좋~다!
더운 여름, 마른 흙에 후드득 비라도 뿌려지는 날이면 훅~하고 올라오는 흙내. 그 냄새가 저는 참 좋았습니다. 친가와 외가 모두가 시골이라 어릴 적 방학이면 무조건 그곳에 갔지요. 농사를 짓는 할아버지, 할머니 덕분에 시골에는 온갖 신기한 농기구와 향기가 가득했습니다.
그중에서도 제일 좋았던 건 흙냄새였지요. 그런 기억이 있기에 지금도 흙을 밟는 걸 좋아하는데요. 미국 시애틀의 넓은 농장에서 태어난 소피는 오죽하겠어요. 새 소리, 바람 소리, 자연의 소리를 들으며, 총천연색 자연의 빛깔을 보며 생활하던 소피에게 서울 생활은 답답할 것 같아 미안한 마음이 들었습니다. 그래서 처음 소피를 데려왔을 때 약속을 하나 했습니다.

"아무리 바쁘고 힘들어도, 일주일에 한 번 이상은 꼭 흙 향을 맡게 해 줄게……."
이 약속을 지키기 위해 피곤하고 힘들어도, 일주일에 한 번 이상은 시골 흙길에 소피를 데려가려고 노력합니다. 하지만 그게 참 쉽지는 않더라고요. 그래서 시골 흙길을 밟지 못할 때 대신 갈 수 있는 곳을 찾았습니다. 어디냐고요?

바로 '남산'.

"소피야, 남산 가자."

이 말이 떨어지는 순간 꼬리를 격하게 흔들며 좋아하는 소피. 다행히 집 근처에 남산이 있어서 시골 대신 산으로 산책을 하러 가는데요. 이제 소피에게 남산은 모든 산을 일컫는 대명사나 다름이 없습니다.

어떤 기계 장치도 없이 느끼는 우리만의 자유 시간

산에 갈 때면 저도 하나 하는 게 있는데요. 바로 휴대전화 내려 두기! 사실 처음에는 그렇게 하지 않았는데, 우연히 휴대전화를 집에 두고 나선 날이 있었습니다. 이미 한참 산으로 올라왔고 다시 내려가기는 늦어서 그냥 포기하고 우리만의 아지트로 들어섰습니다.

남산에 가면 꼭 가는 비밀 장소가 한 곳 있는데요. 소나무 숲이 울창한 남산길 후미진 곳에 있는 작은 공원. 이 곳에 도착하면 소피는 자기의 무대인 듯 여기저기 냄새를 맡고 다니느라 정신이 없거든요. 휴대전화를 놓고 온 그날은 그 모든 것이 더욱더 생생하게 다가오더라고요. 어떤 기계 장치도 없이 오롯이 자연 속에서 소피와 둘이 있는 그 순간에 느껴지는 바람, 풀 스치는 소리, 소피가 짖는 소리며 숨 쉬는 소리… 그 모든 것들이 영화 속의 슬로 장면처럼 천천히 그렇지만 무척 또렷이 들리고 보였습니다.

온전히 느껴지는 자유라고 하면 너무 거창하다 싶지만 저는 그 순간이 '자유'라는 느낌으로 다가왔습니다. 그날 이후부터 산책할 때면 일부러 휴대전화를 두고 다닌답니다.

소피와 함께 산책하기!
어쩜 이렇게 좋을 수가 있지!!!

오늘도 저는 휴대전화를 잠시 내려 두고 소피와 남산의 아지트로 향합니다. 그곳에서 소피는 뒹굴고 좋아하는 풀을 실컷 뜯어 먹습니다. 개 풀 뜯어 먹는 소리 하지 말라는 옛말이 있는데, 사실 개 풀 뜯어 먹는 소리는 엄청나게 귀엽습니다.

처음 그 모습을 봤을 때는 신기하기도 했지만 혹시 건강에 이상이 생기지 않을까 걱정되어 수의사에게 물어보고 검사도 해 보며 호들갑을 떨었지만 건강은 이상 무(無)! 하지만 간혹 시골에 농약 친 풀이 있을 수 있으니 주의해야 합니다.

실제로 농약 친 풀을 먹고 죽은 개가 있답니다. 그러니까 혹시 내 반려견이 풀 뜯어 먹는 소리 좀 낸다고 하는 분들은 이 사실을 잊지 말고 기억해 주세요.

오늘도 소피는 바람의 향기에 고개를 들고, 풀과 흙 향기를 맡고, 풀을 뜯으며 행복한 표정을 짓습니다.
너무나 행복하다고 말하는 그 눈빛. 아~ 너무나 예뻐서 말이 안 나오네요. 저는 이 순간을 사진처럼 마음에 담았습니다. 그리고 이 냄새 또한 저장!
어느 날 문득 숲길을 걷거나 바람이 불어올 때면 소피와의 오늘이 생각이 날 테고 제 얼굴에도 절로 미소가 지어지겠죠.

진주의 언어 #2　특별한 날은
매일매일 있는 날 중의 하나야.
어쩌면 오늘이 그 특별한 날일 수도.

온전히 자연을 느끼는 방법은 간단해.
그냥 잠시 내 손에 쥐고 있는 휴대전화를 내려 둬.
그리고 흙길을 걷자.
그리고 바람의 향을 맡아.
그러면 어느 순간 내가 자연에 들어와 있게 돼.

소피,
엄마가 되다

펜스를 사이에 두고 오가는 뜨겁고 애절한 눈빛, 거친 숨소리….
드라마 '여명의 눈동자'의 한 장면을 보는 것 같은 이 상황, 저의 연애사냐고요? 아니요. 소피와 소피의 신랑인 JJ가 연출한 한 장면입니다.
정말 내심 부럽다…라며 입을 벌리고 봤던 그 모습. 천생연분이 개들 사이에도 있다는 걸 알게 해준 소피와 JJ에 대해 이야기해 드릴게요.

JJ는 우리나라에 들어온 최초의 플랫 코티드 리트리버로 소피의 신랑입니다. 소피보다 몇 년 일찍 한국에 왔는데요. 누가 봐도 세련되고 단아하게 생긴 소피와 달리 Mr. 농촌 총각 JJ는 마치 시골 촌놈처럼 묵직하면서 남자다운 반려견입니다. 두 녀석 모두 시애틀의 농장에서 태어난 혈통 좋은 견종으로 한국으로 건너 신랑과 신부가 되었죠. 어찌 보면 정략결혼(?)이라고도 할 수 있는 이 둘의 만남은 거의 첫 순간부터 불꽃이 튀었습니다.

사랑의 스파크가 파파팍!
약간 소심하고 혼자 있기를 좋아하던 소피도 JJ 앞에서는 고삐 풀린 망아지처럼 사랑에 목매는 모습이었습니다. '아니 어떻게 하면 저렇게 달라질까' 하는 생각이 들 정도로 적극적이었죠. 뭐 JJ는 말할 것도 없고요. 식욕 좋기로는 웬만한 반려견들은 이름도 못 내밀 정도인 JJ인데, 소피가 있으면 그 옆에 붙어 있느라 밥도 안 먹더라구요. 안아 주고, 기대면서 둘이 얼마나 꼭 붙어 있던지…, 꽁냥꽁냥 하는 모습에 '에고 부럽다'라고 마음속으로 몇 번이나 외쳤는지 모릅니다.

안개 낀 새벽의 사랑 그리고 탄생한 아기들
소피와 JJ를 데리고 새벽 산책을 하던 어느 날. 그날은 꼭 꿈속에 들어온 듯 안개가 몽롱하게 내려 앉아 있어 분

위기에 취하는 느낌이 들더라고요. 잠시 둘을 풀어 두고, 저는 좀 떨어져 걸었는데요. 얼마나 시간이 흘렀을까요. 이상한 기운에 고개를 들어 앞을 보니….

풀숲에 살짝 가려져 있는 장소에서 소피와 JJ가 사랑을 나누고 있더라고요.

아… 그 모습은 그저 아름답다는 말 외에는 표현할 길이 없는, 정말 아름다운 모습이었죠.

둘만의 러브러브 장면을 보게 된 거라 좀 민망하기는 했는데요. 그날의 풀숲 그리고 막 떠오르는 해 때문에 연한 핑크로 물드는 안개를 배경으로 사랑을 나누던 소피와 JJ. 그야말로 로맨스 영화의 한 장면이 따로 없었습니다.

<u>그리고 소피는 아기를 갖게 됐죠.</u>

소피의 출산일이 가까워지면서 서울에 두는 게 맞나 하는 생각이 들더라고요. 이왕이면 자연이 있는 곳이 좋을 것 같아 소피를 시골 공방으로 보냈습니다. 저는 일 때문에 몸은 서울에 있는 처지였지만 소피 걱정에 하루에도 여러 번 소피의 상황을 체크했죠! 그리고 드디어 소피의 진통 소식을 전해 듣고는 모든 약속과 일정을 취소하고 부리나케 이천으로 달려갔습니다.

이미 소피의 진통이 시작됐더라고요. 누구의 도움 없이 스스로 고통을 참고 감내하며 출산하는 모습을 보니 왜 이렇게 맘이 짠하고 안쓰럽던지…. 뭐라도 도와주고 싶은데 아무것도 할 수 없는 제가 참 무력하게 느껴졌습니다. 거의 하루 가까이 진통과 출산을 반복한 끝에, 소피의 아기들이 세상에 태어났죠. 한 마리, 두 마리… 세상의 빛을 볼 때마다 탯줄을 잘라 주고 호흡할 수 있게 도와주며 여기저기 핥고 품어 주는 소피의 모습은 이미 '엄마'였습니다. 저에게 신발을 물어오고 장난치던 철부지가 아닌 자식을 품을 줄 아는 엄마의 모습. '엄마'라는 말이 얼마나 아름답고 대단한 말인지 새삼 깨달았습니다.

그렇게 8마리의 강아지를 길렀고, 그 후 10마리의 강아지를 한 번 더 출산했습니다. 아리, 리사, 금비, 플랫 등… 소피의 아가들은 이곳저곳으로 입양됐고, 그때마다

Essay | 소피와 매일 73

저는 눈물 잔치를 했습니다. 개들은 숫자를 모른다고 해요. 그래서 1마리만 남아 있으면 자식이 있다고 생각한다 하더라고요. 입양을 보낼 때도 소피 눈에 띄지 않게 하느라고 나름 첩보전을 벌였습니다. 그렇게 아이들을 입양 보내고 난 후 몇몇은 지금도 가끔 모일 때가 있는데요. 소피 스스로가 엄마인 걸 아는지 모르는지 알 수는 없지만, 너무나 자연스럽게 자식들을 예뻐하는 엄마 소피와 엄마를 따르는 자식들의 모습을 보니 참 신기하더라고요. 그럴 때면 제 입가엔 저절로 미소가 나옵니다. 그러면서 레퍼토리가 시작되죠.

"애들이 태어날 때 말이지, 내가 진짜 얼마나 울었는지…
내가 진짜 이렇게 많이 울어본 게 처음이었다니까….
내리사랑이라고, 왠지 고생시킨 아가들이 얄밉더라고!"

* 사람들이 없는 것을 확인한 안전한 장소에서 소피와 JJ를 잠시
  풀어두었습니다.

진주의 언어 #3

자식을 생각하는 엄마의 마음은
몇천 번 다시 태어나고
윤회를 한다 해도
알 수가 없다고 해.

그런데 내가 아이를 낳으면
그 순간 번쩍하고
엄마의 마음이 내게 박힌대.
그래서 눈물이 나는 거래.

콩이와 떡이와의 짧은 만남

"언니! 지금 저희 아파트 음식물 쓰레기통에 갓 태어난 고양이 두 마리가 버려져 있어요. 그냥 두면 그대로 죽을 것 같은데, 어쩌면 좋아요?"
한창 사진 촬영으로 바쁘던 그 날. 이 문자 메시지 하나에 '무조건 구해야겠다'라는 생각으로 클라이언트에게 양해를 구한 뒤 촬영을 잠시 중단하고 현장으로 달려갔습니다. 털에는 양파껍질이 묻어 있는 손바닥보다도 작은 고양이 두 마리. 정신을 차리고 보니 저는 작디작은 이 생명체와 함께 동물병원에 있더라고요.
병원에서 아이들이 태어난 지 채 2시간밖에 되지 않았다는 얘기를 듣는 순간, 심장이 털썩하고 떨어지는 느낌이 들었습니다. 이제 막 세상에 나온 이 생명을 어떤 이유로 음식물 쓰레기통에 버린 건지, 정말 너무 마음이 아프더라고요. 어떻게든 살리고 싶었습니다!

그날부터 앞뒤 재지 않고 아이들을 살리는 일에만 집중했습니다. 너무 어려 체온 유지조차도 쉽지 않아 뻣뻣하게 굳어지는 아이들을 데리고 응급실로 뛰쳐가는 날이 얼마나 많았던지… 수의사에게 아이들을 살려달라고 울고불고 매달렸습니다. 그런 저에게 돌아온 대답은
"고양이들에게 가장 필요한 것은 바로 '엄마'예요!"
진리인 걸 알지만 저한테는 불가능한 얘기였습니다.

갑자기 엄마를 어디서 구할 수 있겠어요. 저는 두 아이에게 콩이와 떡이라는 이름을 지어주고 엄마가 되기로 마음먹었습니다. 사실 대학 시절부터 저는 집을 잃어버린 개들을 찾아준 적이 여러 번 있었는데요. 떠돌아다니는 개를 보면 그냥 지나치지 못하겠더라고요. 콩이와 떡이도 마찬가지였습니다. 아니 어떻게 태어난 지 2시간 된 아이들을 음식물 쓰레기통에 넣어 버릴 수가 있을까요? 생각할수록 분이 터지고 마음이 아프더라고요.

퓨어한 세상에서 가장 퓨어한 상태의 아이들에게 한 짓은 정말 잔인이라는 단어로밖에는 표현이 안 되더군요. 미안해서라도 어떻게든 아이들을 살려 보자 다짐을 하고, 그날부터 고양이들의 엄마를 자처했죠. 젖을 빨 힘도 없는 고양이들에게 어미 젖과 가장 비슷한 우유를 2시간에 한 번씩 먹이면서 돌보기 시작했습니다. 무데뽀 같은 성격 탓에 우선 시작은 했는데, 위태롭게 생명의 끈

진주의 언어 #4

"미안해… 너무 미안해…
퓨어한 너희들에게 할 수 있는 것이 없어.
기쁘고 슬프고 행복한 것
그 어떤 것도 느끼지 못한 너희들에게
아무것도 느끼지 못하게 해서…."

을 이어가는 모습을 볼 때면 마음이 불안해졌고, '내가 잘 하고 있는 걸까?' 하는 의문이 수만 번은 들었습니다. 그때마다 고개를 저으며 '그래, 그냥 최선을 다하는 거야.'라고 생각했죠. 2시간에 한 번씩 젖을 줘야 하고, 어미의 체온도 필요하다고 해서 캥거루처럼 작은 포대기 안에 고양이를 넣고 품에 안고 다니기까지 했습니다. 제 정성을 알아주는지 아이들은 조금 괜찮아지는 듯했습니다.

소피, 고양이들의 엄마가 되다

그러던 어느 날 갑자기 아이들의 체온이 떨어지더니, 축 늘어지면서 반응조차 없더라고요. 갑작스러운 상황에 안절부절못하고 있는 저를 보던 소피가 조심스레 다가오더니 아이들을 핥아주기 시작했습니다. 자신의 발보다 작은 고양이를 정성스럽고 세심하게 핥아가며 돌보는 소피. 자신이 아기 고양이들의 엄마가 되어 주겠다고 다짐한 것처럼 어떻게든 아기 고양이를 살리려고 애쓰는 모습에 정말이지 놀라지 않을 수 없었습니다.

그 순간은 감동이라는 말로밖에는 표현이 안 되더라고요. 일반적으로 개와 고양이는 사이가 좋지 않다고 하지만 그 순간만큼은 개와 고양이가 아닌 그냥 엄마로서 고양이를 돌보고 있더라고요. 다행히 소피 덕분에 고양이들은 고비를 넘겼고, 이후 소피는 고양이를 제 자식 돌보듯 정성스럽게 돌봐 줬습니다. 고양이에게 가장 필요했던 엄마를 저 대신 경험이 있는 소피가 해 주겠다고 나선 거라는 생각이 들더라고요.

하지만 소피의 정성과 노력에도 불구하고 고양이는 두 달 남짓 지나, 며칠 상간으로 하늘나라로 떠났습니다. 아이들을 보내는 내내 저는 오열했습니다. 살고 죽는 것은 자연의 섭리지만, 태어난 생명에 대한 경외심 그리고 아껴 주는 마음이 얼마나 필요한지 아프게 깨달았습니다.

생명은 인간이든 동·식물이든 그 어떤 것이라도 존중받고 지켜져야 함을요. 그리고 작은 생명 앞에서 보여준 소피의 사랑과 헌신에 참 고마웠습니다.

물불 가리지 않고 꺼져가는 그 생명 앞에 최선을 다해 자신의 몫을 한 소피가 있어 비록 하늘나라로 갔지만 고양이들은 엄마의 품과 마음을 느끼지 않았을까 짐작해 봅니다.

사진제공 아트레이블 스튜디오

64마리의
천사들을
살려주세요

소피가 제 삶에 들어오고 난 후 크고 작은 일들을 많이 겪었습니다. 좋은 기억도 있지만, 까만 대형견을 여자 혼자 키우다 보니 듣기 싫은 말이나 못마땅한 시선을 경험한 적도 많고요. 특히, 반려견을 대하는 우리나라의 문화에 대해서 생각해 볼 기회나 사건이 많았습니다. 가장 강하게 기억나는 일이 벤틀리라는 대형견을 구조했을 때의 이야긴데요, 그 이야기를 해 볼게요.

64마리의 천사들을 살려주세요.

2018년 여름, 정말 마주하고 싶지 않은 일들로 분개한 적이 있었어요. 경남 양산에 위치한 불법 개 농장에서 무자비하게 도살될 뻔한 총 64마리의 개가 구조된 사건이었죠. 누군가는 은퇴 자금이었던 사비를 털어가며, 누군가는 생계를 책임져야 하는 귀한 시간을 헌신해 큰 단체나 경찰의 개입이 아닌 오롯이 몇몇 개인 봉사자들의 끈질긴 노력으로 이뤄낸 성과였습니다. 불법 개 농장에는 '도사견'이라 불리는 개들과 대한민국 천연기념물인 진돗개를 비롯하여 말티즈, 리트리버, 허스키 등 크기도 종도 다른 개들이 한데 섞여 있었어요. 영문도 모른 채 어디선가 끌려와 구더기가 들끓는 음식물 쓰레기를 먹으며, 땅에 닿지 않는 구멍 뚫린 이른바 뜬장이라는 경악을 금치 못할 환경 속에서 살고 있던 64마리의 가엾은 영혼들. 그 아이들을 극적으로 구조했지만 새로운 난관에 부딪혔습니다. 동물보호법상 유기견이 아니기 때문에 보호소에서도 받아줄 수가 없다는 사실. 아이들은 다시 거리로 내몰리는 상황이 됐습니다. 봉사자들은 개들을 데리고 국회의사당 앞에서 노숙하며 더 나은 동물보호법과 구조 요청을 외쳤습니다. 기적처럼 구조된 아이들이 법적 테두리와 환경 속에서 건강하고 안전하게 살 수 있기를 바라면서요.

벤틀리의 기적을 믿어요

다행히 양산 개 농장 이야기가 매스컴에 노출되고 64마리의 개들은 여러 방면에서의 도움으로 치료를 받고, 24시간 조를 짠 자원봉사자들의 사랑을 듬뿍 받으며 지낼 수 있게 됐습니다. 후원과 해외 단체의 도움으로 건강한 개들부터 조금씩 미국으로 입양도 가게 됐고요. 그러던 중 그레이트 덴 혼종견인 '벤틀리'가 위독하다는 소식이 전해졌어요. 경련하면서 피를 토하고, 지금 당장 죽어도 이상하지 않을 정도로 극도로 위험한 상황이었어요.

수의사 선생님들도 회복이 불가능하다며 포기한 상태였죠. 벤틀리는 더러운 위생 상태에서 오랜 시간 노출돼 세균 감염의 한 종류인 '노카르디아증'에 걸려 있었고, 두 차례 수술을 받으면서 간과 췌장에 무리가 가서 60kg이었던 몸무게가 36kg으로 줄었습니다. 그야말로 하루하루가 고비였습니다. 살고 싶고, 살기 위해 애쓰는 벤틀리의 모습은 정말 처절했습니다. 그 모습에 많은 봉사자가 벤틀리를 살려 보자며 뜻을 모았습니다. 벤틀리의 대부·대모를 자처하며 모두가 한마음이 되어 관심과 사랑을 쏟았는데요. 저 역시 그 소식을 듣고 소피와 함께 병문안하러 다니며 벤틀리가 살기만을 바라고 도왔습니다.

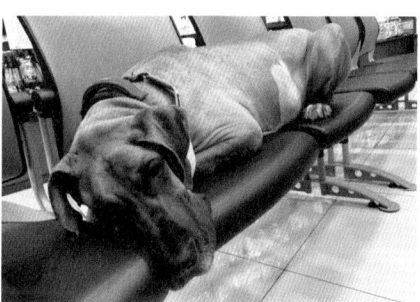

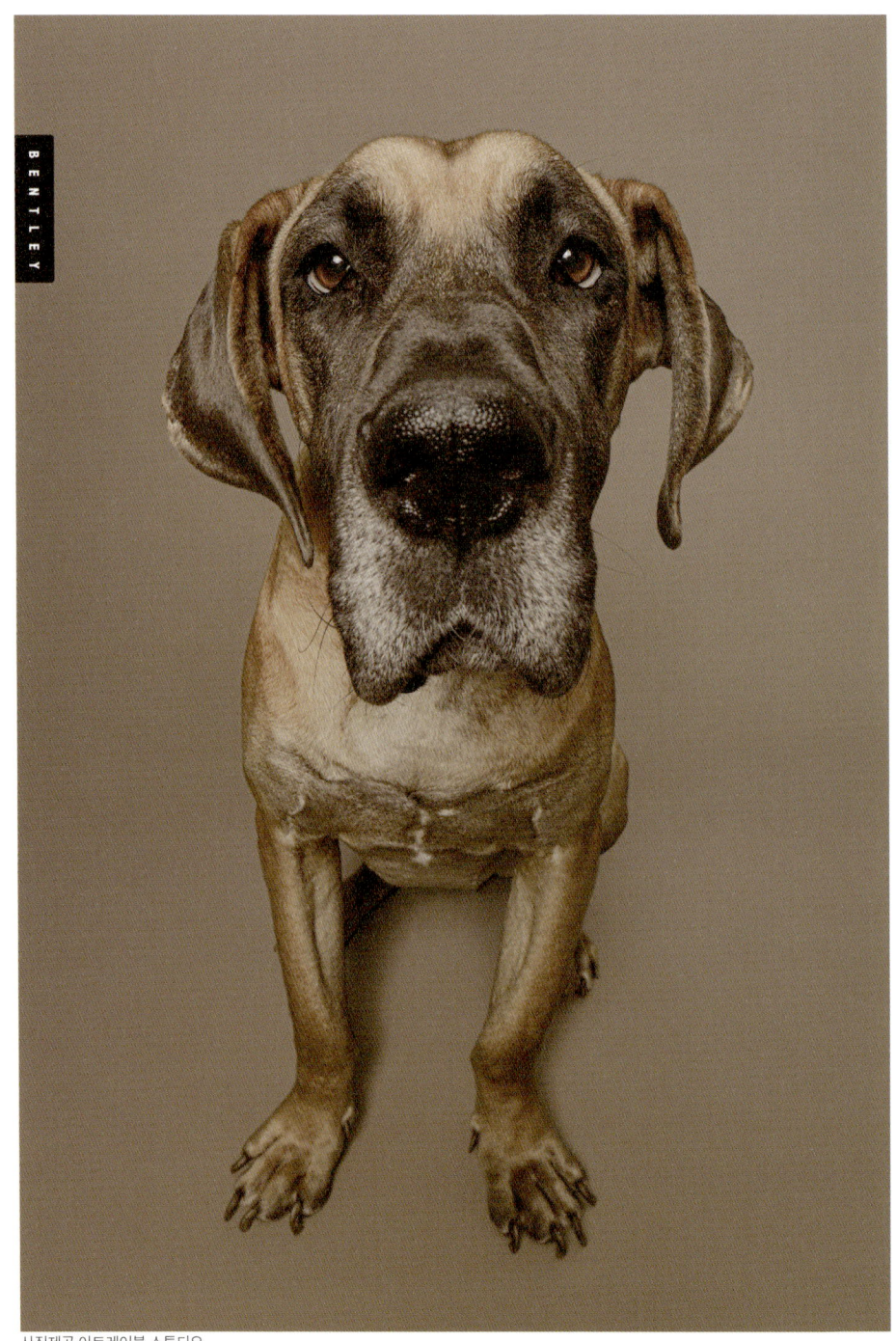

사진제공 아트레이블 스튜디오

벤틀리를 살린 사람들

수많은 사람들의 마음이 전해진 걸까요?
벤틀리는 기적처럼 조금씩 호전되어 갔고, 지금은 뛰어다닐 만큼 건강이 회복됐습니다. 병원에서 퇴원한 벤틀리는 지금 아트레이블 스튜디오에서 지내며 대부·대모의 사랑으로 행복한 나날을 보내고 있습니다. 가끔 SNS에 벤틀리의 근황이 올라오는데 얼마 전에는 압구정을 산책하는 모습이 올라왔습니다. 어찌나 도도해 보이던지 아팠던 때를 상상도 할 수 없을 정도로 좋아졌고 행복해 보이더라고요.

벤틀리를 살려 보려고 조를 짜서 24시간 병상을 지키며 간호를 하던 수많은 사람들…, 그들의 사랑과 헌신이 희망도 빛도 없던 철창 속에서 하루하루를 살던 벤틀리와 63마리의 개들을 살린 게 아닐까요. 저도 힘을 보태는 과정에서 크게 깨달은 것이 하나 있는데요. 세상은 사람들의 노력과 생각으로 바뀔 수 있다는 것입니다. 아직도 행복이 뭔지도 모르고 사는 불법 개 농장의 아이들이 많습니다. 그 아이들의 고통이 사라질 수 있도록, 그런 무서운 일을 다시는 당하지 않도록 세상은 반드시 변해야 합니다. 또 변화를 위해 어떤 노력이 필요한지를 적극적으로 고민해야 할 때가 아닐까요.

지금의 혹독한 현실이 없어지려면 좀 더 적극적인 움직임과 목소리를 내야 한다고 생각합니다. 책을 읽는 분들은 꼭 한 번쯤 생각해 보면 좋겠어요. 과연 우리는 우리와 다른 생명을 바라보고 어떻게 지켜야 할 것인가? 최상위 포식자라고 불리는 인간이 다른 생명을 어떻게 존중해야 할 것인지를요.

진주의 언어 #5

내가 유기견 한 마리를 데려온다고 해서
세상이 바뀌진 않아.
하지만 그 개는 세상을 가지게 될 거야.

진검승부, 소피와 정진이

찰나에 마주치는 날카로운 눈. 순간 하늘로 날아오르며 서로의 목덜미를 공격하는 두 마리의 개.
단 한 번!
서로를 향해 날리는 마지막 검으로 승부를 내는 무사의 세계를 직접 봤다면 이런 느낌이었을까요?
바로 소피와 정진이가 만났던 그 날의 모습이 이랬거든요.

"너 여기 왜 왔니? 여긴 내 구역인데……!"

새빨간 동백꽃이 한창 흐드러지게 피어날 무렵, 전라남도 강진 백련사를 찾았을 때 이야기예요. 백련사 안에 들어서자마자 소피는 자연이 주는 아름다운 풍광과 향기에 취해 아주 신나했어요. 빨간 동백꽃 사이로 껑충껑충 뛰어다니며 기쁨의 세리머니를 하는 소피를 보며 저도 풍경에 취해 있던 그 순간! 저희 근처로 개 한 마리가 유유히 내려오는 것 아니겠어요. 마치 자신이 이 절의 주지 스님이기라도 한 듯, 여유 있고 당당한 포스를 풍기는 백련사의 강아지는 '정진이'. 이곳의 터줏대감이자 절대 권력답게 기세등등한 모습으로 소피를 단번에 기선 제압했습니다.

초반 기 싸움부터 K.O.패 당한 소피는 기 한 번 펴지 못하고 정진이를 슬슬 피해 다니더라고요. 아예 엉덩이 안쪽으로 감겨 들어가 안 보일 정도인 꼬리.
이런 모습은 저도 처음이라 좀 놀랐습니다. 평소 소피는 어린 강아지들에게도 금세 배를 보일 정도로 평화주의자인데 잘 지내보자는 얘기조차 꺼내기 무서워서 쩔쩔매는 모습은 저에게도 무척 낯설더라고요. 다음날 새벽 일찍 산책을 나서려는데, 소피와 정진이가 쫄래쫄래 뒤따라 오더라고요. 잘됐다 싶어 정진이까지 데리고 동백 숲으로 들어갔죠.
정진이 구역인 백련사에서 떨어져 한참 산책을 하던 순간! 갑자기 일이 벌어졌습니다.

지구가 진동하는 듯한 그 순간

소피와 정진이의 눈이 마주치는 순간, 휙 하며 하늘로 날아오르던 모습.
그건 마치 사바나 수사자들의 싸움과도 같았습니다.
그렇게 시작된 싸움. 두두두두둑 하는 발 구르는 소리는 마치 지구가 진동하는 느낌이었고, 이어 소피와 정진이는 공중으로 날아올라 서로를 공격하며 으르렁댔습니다. 정신을 차리고 말리려는데 이미 싸움은 종료! 소피의 승리로 끝이 났습니다. 승리한 소피는 제 옆으로, 패한 정진이는 꼬리를 내리고 터벅터벅 백련사로 돌아가더라고요.

개들의 세계, 서열을 정리하다

한바탕 소동이 끝난 후에 힘의 균형을 찾은 그들은 서로를 인정하듯 시선을 나눴습니다. 사람이 보기에는 둘이 마냥 싸우는 것처럼 보여도 개들의 세계에서는 그들끼리 서열을 정리하는 시간임을 알게 됐죠. 개들의 세계는 서열이 중요하고, 이를 정하기 위해 생기는 약간의 불협화음은 자연스러운 이치나 섭리라는 것을요. 이런 룰이 있는데 오히려 인간들이 방해를 하는 게 아닐까 하는 생각도 들었습니다. 물론 위험성이 큰 아이들은 서로 조심하고 분리해야 하는 것이 맞지만 가끔은 개들에게 맡겨보는 건 어떨까 하고 말이죠. 물론 내 반려견의 성향을 잘 알아야만 하지만요.

진주의 언어 #6   동물의 세계는 클리어해.
싸운다.
이기거나 진다.
.
.
.
그리고
인정하면
평화가 찾아온다.

멍슐랭가이드, 미식견 돼 볼래?

옛말에 그런 말 있잖아요, '자기 먹을 복은 다 타고난다'는 얘기요. 저는 소피랑 살면서 그 말이 참 맞는 말이라는 생각을 많이 해요. 왜냐고요? 소피는 정말 먹을 복은 타고난 것 같거든요.
어떤 곳에서는 A++ 한우를, 또 다른 곳에서는 갓 구운 신선한 빵을 소피가 대접받는 모습을 보면 놀랍거든요. 그것도 대한민국에서 내로라하는 유명한 셰프들이 직접 챙겨줍니다.
소피는 절대 조르지 않고 늘 그렇듯이 가만히 기다리는데요. 어느 순간 최고의 음식들을 소피 앞에 떡하니 대령하니 이 정도면 타고난 복이 아닐까요?

사실 처음부터 이랬던 건 아니고요, 제가 혼자 살다 보니 집에 소피를 두고 다니는 것이 영 마음이 걸리더라고요. 그래서 제가 어디를 가든 소피와 함께했습니다. 지금이야 반려견이 들어갈 수 있는 음식점이나 쇼핑몰이 많아졌지만 13년 전에는 그런 곳을 찾기가 쉽지 않았죠. 촬영장도 마찬가지였습니다. 처음에는 싫어하거나 불편해하는 분들이 많았는데, 까불고 신이 나다가도 촬영이 시작되면 얌전히 기다리는 소피의 모습에 대견해하며 예뻐해 주더라고요. 그렇게 소피는 제가 가는 곳이면 어디든지 따라다니게 됐습니다. 그러다 보니 어느새 다닐 수 있는 식당이며 공간들이 늘어났고, 때로는 안에서 때로는 밖에서 저와 함께 혹은 따로 있을 줄 아는 반려견이 됐습니다.

다양한 제철 채소를 맛보다

'제철에 나는 음식만 잘 먹어도 그게 보약이다'라는 말이 있죠.

우리 선조들은 봄에는 겨울을 뚫고 자라 향이 깊은 봄나물을 먹고, 여름이면 살이 통통하게 오른 오이, 가지, 호박, 사과며 채소와 과일들을 먹으며 더위를 이겨냈습니다.

하지만 지금은 지구 온난화로 환경이 바뀌고, 농업 기술이 발전하면서 제철과 관계없이 많은 식재료들을 즐길 수 있죠. 안타깝게도 제철 식재료라는 개념도 점점 사라지고 있는데요. 제철에 나는 모든 것들이 가장 맛있고, 영양이 있다고 믿는 저는 재미난 프로젝트를 시작했습니다.

미래에는 제철 재료의 개념이 없어질까 봐 사진으로 기록해서 널리 알리고 싶다는 마음 하나로 채소 소믈리에 협회와 함께 3년 동안 제철 채소들을 찾아 전국을 다녔습니다. 물론 저의 든든한 어시스턴트, 소피도 함께요. 덕분에 소피는 귀한 제철 재료들을 직접 먹어보는 영광을 누렸죠. 셀러리, 오이, 고구마 등 신선한 제철 채소들을 곧잘 받아먹는 소피를 보면서 주변 사람들은 이런 말을 하곤 했습니다.

"소피야, 너는 이제부터 미식견이다."

그런 얘기를 듣다가 문득 깨달았습니다. 다른 반려견들에 비해 소피는 음식이나 식재료와 가까이 지내고 있다는 것을요. 음식 촬영을 전문으로 하는 포토그래퍼의 어시스턴트이다 보니 각종 산해진미는 물론이고, 산지에서 만나는 귀한 식재료와 음식들을 접할 기회도 많았습니다. 거기에다 저와 친한 요리 선생님이나 셰프들과 촬영하는 날이면 그분들은 소피를 위한 특식을 준비해 올 정도니까요. 채소 소믈리에 협회 식구들과 함께 산지를 다녔을 때는 산에 뿌려 놓은 장뇌삼을 얻어먹고, 곶감처럼 말린 과일이나 송이, 더덕 같은 귀하고 좋은 식재료까지 섭렵했습니다.

소피야, 쌀 향기 맡아 볼래?

제가 출판한 [쌀을 닮다]라는 책을 만드는 2년 동안, 평택 신리(新里)를 누비며 촬영했을 때도 소피는 늘 함께했습니다. 미국 시애틀에서 온 소피가 우리나라의 주식인 쌀을 함께 공부하고 자라는 과정, 수확하는 기쁨을 함께 누리며 만든 책이라 그 의미도 남달랐습니다.

촬영 당시 소피는 마을 어르신들의 사랑을 듬뿍 받아 어딜 가나 '이거 먹어라, 저거 먹어라' 하시는 통에 다양한 식재료들을 접했는데요.

평택의 평야에서 봄이면 볍씨가 싹 트는 향기, 여름 햇볕에 벼가 익는 향기, 추수한 쌀을 도정할 때 나는 향기, 밥 짓는 향기까지….
쌀 한 톨이 자연에서 우리의 밥상 위로 오는 과정을 오감으로 경험한 소피. 이 정도면 미식견 틀림없죠?!
먹는 즐거움과 기쁨을 알고, 맛의 탄생을 기록하는 저에게 정말이지 소피는 영혼의 단짝입니다.

진주의 언어 #7

세상에 산해진미가 많으면 뭐 해!
내 입에 들어와야 산해진미지.
그러니 우리 먹자, 먹자.

에피소드 7

소피,
파도를 넘다

'고슴도치도 자기 자식은 예쁘다'는 말이 있죠. 저도 소피와 13년을 살다 보니 소피가 뭘 해도 예쁘고 천재인 것 같거든요! 소피가 처음 파도타는 모습을 보던 날도 그랬습니다.
넘실대는 파도와 리듬을 맞추고, 파도를 타며 이리저리 움직이는 모습은 박태환 선수도 울고 갈 정도로 멋있어 보였거든요. 그런데요, 사실 소피가 물에서 이렇게 자유롭기까지는 우여곡절이 많았습니다. 이번에는 파란만장 물 적응기에 대해 얘기해 보려 합니다.

아마도 그때가 소피가 채 한 살이 되기도 전, 한창 무더운 여름이었던 걸로 기억되네요. 제가 워낙 물놀이를 좋아하는 데다 소심한 소피가 물을 두려워하지 않기를 바라는 마음에서 소피에게 수영을 가르치기로 결심했습니다. 청평으로 제트스키를 타러 갔는데, 당시 같이 간 친구들이 수영 특훈을 해주겠다며 소피를 강 중간에 빠트린 겁니다. 다행히 소피는 수영인지 개헤엄인지 알 수 없는 몸짓을 하면서 무사히 돌아왔죠. '소피가 수영에 소질이 있네'라고 생각하던 그 순간 소피가 심하게 떨기 시작하더라고요.

"대체 나한테 왜 그러는 거야?
<u>진주 언니, 나 무서웠어!</u>"

아마도 무사하다는 안도감이 들자마자 제게 서운한 감정이 들었던 게 아닌가 싶더라고요.
돌이켜 생각해 보면 정말 무모했죠. 제가 소피였다면 한동안은 물만 봐도 경기를 일으켰을 거예요. 소피를 힘들게 한 것을 반성하며 겁먹은 소피를 달랬죠. 이후 한동안은 아예 물 가까이 가지 않았습니다.

하지만 더운 여름 긴 털을 가지고 있는 소피에게 물만큼 더위를 이기게 해주는 것이 없거든요. 어떻게든 물과 친하게 해주고 싶었어요. 그래서 이번에는 물과 천천히 가까워지는 프로젝트를 시작했습니다. 처음에는 얕은 강과 계곡에서 물과 익숙해지게 놔뒀습니다. 눈이 뒤집어질 정도로 놀랬던 강에서의 기억 때문에 물이라면 질색하지 않을까 걱정했는데, 다행히도 물 안으로는 들어가더라고요. 얕은 물에서 첨벙첨벙 걷다가 헤엄을 치면서 수영하는 모습을 가만히 보니 소피의 눈은 초롱초롱했고 동작은 날쌨습니다. 즐거워 보이는 모습을 보니까 용기가 생기더라고요. 그래서 몇 번 더 얕은 강에서 연습을 시키고, 조금씩 큰물이 있는 곳으로 장소를 옮기는 과정을 반복했습니다. 무리하지 않고 소피가 즐기게끔 하면서 물과 친해지기 프로젝트는 계속됐습니다.

제 욕심 때문에 진행했던 강압적인 입수 덕분에 생긴 소피의 물 공포 트라우마를 고치기까지는 몇 년이 걸렸는데요. 역시 사람한테나 개한테나 공포 교육은 좋지 않다는 걸 새삼 깨달았습니다.

소피, 바다와 친하다

오랫동안 계속해서 강으로만 수영을 섭렵하러 다니던 우리는 마침내 바다로 떠났습니다. 서퍼들의 성지라고 불리는 강원도 양양. 진짜 바닷가에 도착했죠! 어느새 소피는 모래사장을 가로지르듯 힘껏 달리며 새로운 풍경을 만끽하고 있었습니다. 그렇게 달리기로 준비 운동을 끝내고, 소피와 함께 바다에 입수!!!! 처음에만 조심스러워 하더니 더 깊은 바닷속으로 가는 소피의 모습은 그야말로 거침없었어요. 어느 순간 너울대는 파도에 몸을 맡기며 물살을 타는데, 어찌나 리드미컬하게 즐기던지 물개가 따로 없더라고요. 파도가 올 때마다 그 파도를 넘으면서 희열을 느끼는 소피의 모습은 제 눈에는 박태환 선수와 견주어도 손색이 없었습니다.

유튜브 〈소피의 식탁〉 _ 'summer soibean noodle'편

바닷가 수영 신고식을 성공적으로 마쳤고, 얼마 뒤 소피와 저는 몸이 근질근질해져서 다시 양양으로 떠났어요. 소피가 좋아했던 그 바닷가로요. 그런데 청천벽력 같은 팻말이 놓여 있더군요.
[개 수영 금지]
그 자리에서 그냥 한바탕 웃었습니다. 어쩌겠어요, 다음을 기약하며 또 즐겁게 파도를 타자고 약속하며 돌아왔죠.

소피가 처음 물을 접했을 때는 저의 무지 덕분에 물이 무서웠을지 모르지만, 지금의 소피는 강이든 바다든 모든 물을 사랑합니다. 심지어 비가 온 다음 날이면 웅덩이에 발을 담그며 첨벙첨벙하는 것도 좋아할 정도거든요. 그러다 보니 물에 얽힌 이야기들이 많은데요.
한 번은 캠핑을 하는 언니네 가족과 동행을 했던 적이 있었습니다. 그 집 아이들과 소피가 잘 어울려 놀거든요. 그래서 별 걱정 없이 따라 나섰죠. 함께 하룻밤을 지내고 다음 날 아침, 소피가 보이질 않는 겁니다. 우선 밖으로 나가 여기저기 찾아다니기 시작했는데, 어디에도 소피는 없었습니다. 그러다 멀리 바닷가 모래사장에 까만 점 하나가 보이는 게 아니겠어요. 뭐지? 하고 가까이 가보니 소피였습니다. 아이들이 모래찜질시켜준다며 소피에게 모래를 살짝 덮어 줬는데 그걸 그냥 즐기고 있는 모습이라니…. 얼굴만 빼꼼히 내밀고 온몸에 모래 옷을 입은 소피, 어찌나 귀엽던지! 아이들과 저, 소피 모두 크게 웃었죠. 바다, 강, 냇가, 그리고 작은 물웅덩이에도 물을 좋아하는 소피 덕분에 많은 추억이 생겼습니다.

진주의 언어 #8

'개는 우리 삶의 전체는 아니다.
그러나 그들은 우리의 삶을 완전하게 한다'라는 명언처럼
반려견 덕분에
매일매일이
오늘보다 내일이
기대되는 날들로 바뀌고 있어.

Essay | 소피와 매일 117

소피의
참 좋은 개 친구들

사람 가리지 않고 누군가와의 만남을 좋아하는 유전자는 소피와 저 둘이 똑 닮았습니다. 그 덕분에 친구가 참 많거든요. 특히 소피는 모르는 개를 만났을 때도 '으르렁 타임'이 시작되면 자연스럽게 배를 보여주며 상대를 안심시키는 재주가 있습니다. '나는 무섭지 않아~ 친구야'라고 말을 하는 거죠! 사실 소피가 어릴 적에는 좀 소심한 면이 있어서 친구를 만들어 주는 게 과연 좋을까? 하는 생각을 했던 적도 있지만, 열린 성향을 지닌 것을 알게 된 후로는 누구든 자연스럽게 만나게 해 줘도 되겠다는 생각으로 바뀌었죠. 덕분에 오며 가며 많은 사람과 또 개와 연을 맺고 있는 인싸가 됐죠!

소피! 친구 만나러 갈까?
오가며 만나는 개들 말고 소피에게는 정기적으로 만나는 특별한 친구들도 꽤 있습니다. 소피의 딸이면서 둘도 없는 친구 리샤와 소피의 또 다른 딸 아리와 금비, 손주 애니와 조이는 저의 지인에게 입양돼 지금도 가끔 서로를 만나게 해 준답니다. 소피는 평소에도 리샤나 남편인 JJ 이름을 부르면 알아듣는지 마구 흥분하면서 좋아해요. 조용히 있다가도 '리샤 보러 갈까?' 한마디에 금세 현관문 앞에 서 있는 소피는 리샤의 어떤 장난도 잘 받아주는 '리샤바라기'랍니다. 세상에 태어나 자신의 핏줄과 가족도 모른 채 사는 개들에 비하면 소피는 참 행복하구나라는 생각이 듭니다.

소피의 가족뿐만 아니라 남산이나 한강 잠원지구 쪽을 산책할 때 만나는 친구들도 있는데요. 길동무가 좋으면 먼 길도 가깝다고 했던가요. 소피는 친구들을 만나면 발에 모터를 단 듯 경쾌하게 뛰고 컨디션도 좋아진답니다. 소피가 좋아하는 자연에서 친구들과 어울리게 해 주면서 저 역시 새로운 인연으로 사람들을 알게 됐습니다. 남산, 아차산, 청계산 등 주변에 가까운 산을 자주 가게 되는 것도 소피 덕분이지요. 등산이 아니라 소피와 함께 하는 산책이라고 생각하면 제 몸도 훨씬 가볍고 상쾌해진답니다.

진주의 언어 #9

우리를 세상에 태어나게 해 준 건
핏줄로 연결된 가족이지만
우리가
세상을 즐겁고 행복하게 살 수 있게 해 주는 건
믿음과 사랑으로 연결된 친구들이야.

에피소드 9

시간이
필요해

'아니, 입마개는 해야지, 교양이 없네'
'저러다 물면 누구를 탓할 거야, 어이구 XX'
'아니 왜 젊은 여자가 저런 개를 키워? 결혼이나 하지'

아무 준비도 없이 시작된 소피와의 생활! 좋은 일도 많았지만 생각지도 못한 힘든 일들도 많았습니다. 그중에서도 저를 가장 힘들게 했던 건 사람들의 시선과 아무렇지 않게 던지는 말들이었습니다. 여자 혼자 그것도 까만 대형견을 키우는 것이 우리나라에서는 참 힘들다는 걸 소피랑 생활하면서 많이 경험했거든요. 왜 그런지 모르겠지만 까만 개는 사람들에게 그다지 좋은 존재로 인식되는 것 같지 않더라고요.

특히 개가 주민을 습격했던 사건으로 세상이 떠들썩해진 후 소피랑 다니는 일상에 정말 큰 변화가 생겼습니다. 한마디로 말하자면 소피와의 외출 자체가 '살벌'했으니까요. 소피가 짖지도 않았는데 그냥 보는 순간 벽에 붙어 있는 사람들, 입마개를 하지 않았다고 삿대질하며 욕하는 사람들, 곱지 않은 시선으로 보는 사람들…. 그런 시선만으로도 저와 소피는 죄인이 된 듯했고, 상처를 받았습니다. 언젠가 사람들의 눈을 피해 새벽에 소피를 산책시키고 있는데, 어떤 할아버지가 저와 소피를 보고 소리를 지르더라고요. 지팡이로 소피를 가리키고 저를 때리면서 이렇게 큰 개를 어떻게 산에 데리고 오냐면서 빨리 내려가라고 하는데 눈물이 핑 돌았습니다. 그날 집에 돌아와서 소피를 안고 한참을 울었어요. 소피에게 그런 상황을 겪게 하는 것이 미안해서요.

제가 이런 이야기를 꺼내는 것은 개를 좋아해 달라는 것도, 슬프다는 얘기를 하려는 것도 아닙니다. 단지, 반려견과 함께 사는 사람도 있으니 그들을 대할 때의 애티튜드와 반려인들이 그렇지 않은 사람들을 대하는 애티튜드가 정중했으면 하는 겁니다. 각자 다른 삶의 방식을 인정하고 공존하면서 살아간다면 얼마나 행복할까요.

물론 그렇게 되기 위해서는 분명 시간이 필요할 겁니다. 그 시간을 현명하게 이겨내는 것이 지금 저에게는 제일 큰 과제이고요. 저에게 뭐라고 하는 사람들도 다 그분들만의 사정이 있다는 걸 알고 있습니다. 생각하는 게 모두 다르니까 당연히 행동도 달라질 수밖에 없죠.

"앞마당의 아리아"

소피를 무서워하거나 욕하는 사람들도 많지만, 또 소피를 예뻐하고 좋아해 주시는 분들도 많습니다. 그 덕분에 저와 소피가 힘을 내는데요. 그중에서 기억이 나는 분에 관해서 이야기해 볼게요. 여느 때처럼 소피와 남산을 산책하고 있는데, 예쁜 모자를 쓴 고운 할머니가 남편과 함께 벤치에 앉아 계시더라고요. 이슬이 좀 맺힌 벤치를 손수건으로 닦아 주는 남편과 수줍게 웃는 부인의 모습이 참 예쁜 보기 좋은 노부부였어요. 두 분의 시간을 방해하고 싶지 않아 모른 척하고 지나가는데, 소피를 보는 할머니의 그윽한 눈빛에 도저히 그냥 지나갈 수가 없더라구요.

"털이 참 예쁘네요. 몇 살이에요?"

이렇게 건네는 말에 우리는 자연스레 그분들과 이야기를 나누게 됐죠. 할머니는 소피에게 시선을 떼지 않고 어찌나 사랑스럽게 쳐다보며 눈빛을 나누던지, 마음속 깊은 곳에서 따뜻한 무언가가 쫙 퍼지는 그런 느낌이 들었습니다. 소피도 그런 마음을 느낀 건지, 할머니 근처를 계속 맴돌면서 애교를 부리더라고요. 그렇게 담소를 한참을 할머니와 말을 나누다 제 가슴이 뭉클해지는 이야기를 들었습니다.

"우리 옆집에 개가 있는데 엄청 짖어. 그럴 때마다 그 집 주인이 찾아와서 미안하다고 얘기를 해요. 그러면 나는 주인장에게 '개 짖는 소리가 오페라처럼 들려요'라고 말하며 고맙다고 해요. 내가 음악을 전공해서 그런 걸까요? 저는 진짜 그 소리가 오페라처럼 들리거든요. 호호호."

'대부분은 개 짖는 소리를 불편해하는데, 이렇게 따뜻한 마음과 시선으로 듣고 바라보는 분도 계시는구나'하는 생각이 들었어요. 초면만 아니라면 그 옆집으로 이사하려고 주소를 물어볼 판이었다니까요. 고운 자태만큼이나 예쁜 말, 고운 말을 하시는 할머니를 보면서 소피도 행복해 보였고 제 마음도 참 따뜻해졌습니다.

내 가족 소피에게도 마땅한 권리가 있어요!
반려견 인구가 늘어나면서 펫티켓에 관한 얘기도 나오고 여러 가지 우려의 목소리도 많이 들리는 요즘, 저는 참 많은 생각을 합니다. 반려견 문화가 정착된 여러 국가처럼 반려견 문화가 자리 잡기까지는 수많은 시행착오가 있을 테고, 그만큼 시간도 걸리겠죠. 하지만 언젠가는 강요가 아닌 이해가 바탕이 되는 반려견 문화가 시작되기를 간절히 기다리고 있습니다. 그리고 그 변화에 저와 소피의 이야기가 작은 계기가 되기를 바랍니다.

진주의 언어 #10

천천히 기다리자.
그전에도 내 곁에 있었고 후에도 있을 넌
같은 모습이야.
그대로 널 지켜 줄게.

Essay | 소피와 매일 133

소피야,
우리 할배 보러 가자

'할아버지'라는 단어를 떠올리면 가슴속 한 곳이 뻐근해 오는 것을 느낍니다. 농사꾼이었던 할아버지는 저에게 참 많은 것을 경험하게 해 준 분이니까요. 시골에 놀러 갈 때마다 쉽게 보지 못하는 것들을 장난감으로 내주셨습니다. 그 장난감이라는 게 어떤 때는 깨를 털기 전의 깻대, 어떤 때는 갓 수확한 콩이기도 했습니다. 명석, 맷돌, 지게 등등… 어린 손녀에게 자연을 안겨 주고, 그걸 촉감과 후각으로 느낄 수 있게 해 주신 분입니다.

제가 식재료를 찾아 전국 방방곡곡을 다니는 것, 소피에게도 자연의 냄새를 맡게 해 주려는 것이 어린 시절 할아버지 집에서 얻은 좋은 기억 때문인 것 같아요. 유달리 후각이 발달한 저와 소피는 시각, 촉각에 먼저 반응하기보다는 냄새를 맡는 것으로 공간과 환경을 기억에 담는데요. 꼬마 시절 할아버지 집에서 맡았던 내음이 여전히 제 의식을 지배하는 것을 보면, 제가 크리에이티브한 일을 하는 데 있어 할아버지의 영향이 컸다는 것을 새삼 깨닫곤 합니다.

稲は実れば実るほど頭を下げる

최근 들어서 가장 많이 떠오르는 건 할아버지가 저를 안으며 항상 해 주시던 말입니다. 일본어를 유창하게 하셨던 할아버지가 저에게 남겨 주신 교훈 같은 말 "벼는 익으면 익을수록 고개를 숙인다(稲は実れば実るほど頭を下げる), 겸손해야 한다."
고사성어라고만 생각했던 이 말이 제 삶을 지탱하는 기둥 같은 메시지가 될 줄이야. 강진주라는 이름을 책임져야 하는 어른이 되고, 작업을 하고 경력이 쌓일수록, 소피와 함께 생활할수록 겸손하게 사는 것이 얼마나 어렵고 중요한 것인지 알게 됩니다. 고민이 있을 때나, 한껏 나 자신에 도취됐을 때, 혹은 편안한 일상에서도 습관처럼 '稲は実れば実るほど頭を下げる'를 읊어요.

할아버지가 살아생전 자주 하셨던 이 말을 되새길 때마다 편안함과 안정감이 생기고, 어려웠던 삶의 문제들이 세 방향을 찾아 해결되기도 하거든요. 그래서 소피에게도 자주 이 말을 합니다.

"있잖아, 소피야~
사람들이 네가 멋있다고,
좀 특별하다고 치켜세워 줄수록
너는 더 겸손해져야 한다~ 알겠지."

제 삶에 큰 영향을 주신 할아버지

그래서 할아버지에게 다리가 4개인 손녀 소피를 소개하러 갔습니다. 성묘하는 날 당당히 소피를 차에 태우고 할아버지 묘소 앞에서 마음속으로 이야기했죠. "할아버지, 얼굴은 까맣고 몸도 까맣고 다리가 네 개인 손녀 소피 왔어요."
사실 반려견에 대해서 좋지 않게 생각하시는 아버지와 함께 성묘를 한다는 것 자체가 그야말로 미션 임파서블이었는데, 이것도 소피의 복일까요? 아버지도 소피와의 성묘를 허락해 주셨거든요.
할아버지의 사진이 올라가고, 음식이 차려지고, 예를 갖추는데, 소피는 할아버지 사진 근처에서 기웃대며 그 순간을 함께했어요. 소피는 단순히 개가 아니라 강 씨 가족의 일원임을 선포하듯, 저희 온 가족과 소피는 자연스럽게 차례를 지냈답니다.
성묘를 마치고 내려오는 길, 얼마나 뿌듯하고 기뻤는지 몰라요. 이렇게 소피와 진짜 가족, 진짜 식구가 되어 가는구나… 라는 생각에 뭉클하고, 또 고마운 날로 기억합니다.

진주의 언어 #11

함께 산다고 모두 가족은 아니야.
내 삶과 기억을
기꺼이 같이 나눌 수 있어야
진짜 가족이야.

유튜브 〈소피의 식탁〉_ 'summer soibean noodle' 편

규칙이 필요해!

손 하나쯤은 얹어도 될까?

도넛을 촬영하는 날이었는데, 스태프들이 분주하게 움직이고 저도 회의를 하느라 바빴죠. 그러다 보니 어느 순간 소피 앞에 도넛이 무방비 상태로 있게 됐죠. 정말 손만 뻗으면 얼마든지 몰래 먹을 수 있는 상황. 그런데 소피는 소리 한 번 내지 않고 가만히 도넛에만 시선을 고정하고 있더라고요. 그렇게 한참을 바라보다 아쉬운 마음을 표현해야겠다 싶었는지, 살포시 손 하나를 얹은 채 도넛을 바라보는 소피! 그 모습을 보고 얼마나 뿌듯하고 웃기던지, 그날은 특별히 소피에게 특식을 만들어줬던 기억이 있습니다.

소피가 이렇게 할 수 있었던 것은 우리만의 규칙이 있어서인데요. 그 규칙이 뭔지 궁금하시다고요? 지금부터 찬찬히 얘기해 드릴게요. 이 부분은 여러분들과 꼭 공유하고 싶은 중요한 부분이거든요.

우리만의 규칙, 같이 살 방법을 찾자!

소피와 살면서 가장 중요하게 생각했고, 또 가장 어려웠던 일은 '단호해지는 것'이었습니다.

사진 작업을 하는 스튜디오라는 공간에서 살아가는 저와 소피. 어떻게 보면 소피가 제 작업 공간에서 사는 것이나 마찬가지여서 가장 중요한 것이 규칙이었습니다.

소피를 키우면서 가장 인상 깊게 들은 말 중의 하나가 같이 살아갈 방법을 찾으라는 거였습니다. 당장은 서운할 수도 있고 힘들기도 하겠지만, 서로가 함께 끝까지 살기 위해서는 반드시 방법을 찾아야 한다고 말이죠.

그 얘기를 듣고 생각했습니다. 내 상황에 맞게 어떤 룰을 세워야 할까?

가장 필요한 부분이 스튜디오에서의 예절이었습니다. 제가 작업을 할 동안 소피가 지켜 줘야 할 예절, 바로 기다림.

사실 어린 소피에게는 쉽지 않았고 저 역시 소피를 단호하게 대하는 것이 마음 아팠지만 규칙을 정한 날부터 저는 단호해져야 했습니다.

강하고 단호한 어조로, 짧게!

"기다려", " 앉아", " 안 돼"

처음에는 쉽지 않았지만 할 때까지 기다려 주고 반복하니 어느 순간 작업을 하는 동안에는 가만히 저를 기다려 주더라고요. 어릴 때부터 시작했던 교육 덕분일까요. 소피는 지금껏 스튜디오에서 단 한 번도 실수한 적 없는 최고의 어시스턴트입니다.

마법의 단어
'소피 기다려, Stay'

밥 먹는 예절도 마찬가지였습니다. '먹는 모습이 예뻐야 사랑받고, 맛있는 거 하나라도 더 얻어먹는다'는 생각으로 소피에게 철저하게 식탁 예절을 훈련시켰는데요. 저와 소피가 밥을 먹을 때는 철저하게 분리해서 먹습니다. 절대 같이 먹지 않고, 제가 밥을 다 먹어야 소피의 밥을 차려주는 규칙을 정했답니다. 사람이 먹을 때 개에게 밥을 주면 사람 밥을 달라며 징징대는 통에 결국 둘 다 식사를 망치게 되거든요. 소피도 처음에는 음식 냄새를 맡으면 낑낑대고 조르고 짖기도 하고 애교도 부리며 음식에 대한 강한 애착을 보였어요. 하지만 이때 단호하게 'NO'라고 말하고, 소피를 기다리게 했죠. 미팅이 있거나 식사할 때 소피가 칭얼거리면 '소피 기다려, 스테이'라고 말합니다.

처음에는 쉽지 않았지만 반복적으로 훈련시킨 결과 기다리게 되더라고요. 물론 간혹 낑낑대며 조를 때도 있지만 단호하게 'NO'라고 말하면 바로 앉거나 엎드리며 포기했다는 표시를 하죠. 소피가 포기하고 기다리기까지 도중에 마음이 약해져서 '그냥 줄까?' 하는 생각도 얼마나 많이 했는지… 그럴수록 식사 예절 훈련은 강하게 했어요.

음식 앞에서 조절을 못 하는 개들은 예의범절을 떠나서 사고의 위험이 있거든요. 먹으면 안 될 음식들을 먹어 생명에 지장을 주는 경우가 있기 때문에 먹는 것을 컨트롤하는 일은 무엇보다 중요하니까요.

소피의 배꼽 시계, 따릉따릉~

규칙을 엄격하게 하는 대신 저도 소피의 밥시간을 정확히 지키기 위해 노력합니다. 소피의 배꼽 시계는 오전 8시, 오후 5시에 두 번 울려요. 식사 시간과 횟수는 상황과 환경에 따라서 정하면 되는데, 가장 중요한 건 규칙적이어야 한다는 겁니다. 식사하는 횟수나 시간이 자주 바뀌면 곤란하거든요. 식사 시간 룰을 정하고 꾸준히 지킨 지금은 소피도 무조건 조르는 대신 제 식사가 끝났거나 밥때가 됐다 싶을 때면 '나 이 음식 먹어도 돼? 나 주면 안 돼?' 이런 메시지로 허락을 맡으려고 액션을 취해요. 소피는 제 허락이 떨어져야만 식사할 수 있다는 것을 인지하게 된 거죠. 물론 가끔 여러 사람과 함께 하는 식사 자리나 파티 때 맛있는 음식이 펼쳐져 있으면 소피도 절제를 못 하고 보채기 시작하죠. 제가 반응하지 않으면 주변 사람들한테 낑낑대고 애원하는 눈빛을 보내는데, 애교로 하나둘씩 주는 것은 허용해요. 평소 소피가 식사 예절을 잘 지키는 것을 알기 때문에 너무 간절할 때는 여유를 주는 거죠. 대신 사람들이 식사를 충분히 끝낸 다음에 주고, 또 너무 보채면 단호하게 분리한다는 규칙만큼은 지금도 지키고 있습니다.

오늘은 씻었는데,
올라가도 될까?

저는 소피와 잠도 분리해서 자는데요. 특별한 날에만 침대를 허락합니다. 그날이 언제인지 정확히 기억은 나지 않는데요. 소피를 목욕시키고 자고 있었는데 자다 보니 느낌이 좀 이상해서 살짝 눈을 떠봤더니 발 끝에 까만 물체가 있더라고요. 소피였어요. 평소에는 절대로 침대 위로 올라오지 않는데 목욕을 한 날은 신기하게도 자연스럽게 침대 위에 올라와서 잠을 청해요.
'나 오늘은 침대에서 잘 거야~' 하며 능청스럽게 침대 위로 올라오는데 그런 날은 규칙을 봉인 해제 시켜 준답니다. 규칙을 잘 지키고, 기다릴 줄 아는 소피에게 이런 보상 정도는 있어야 마땅하겠죠.

에피소드 12

성수동 카페 밀도 앞에 가면 소피가 마실 물이 항상 준비되어 있어요.

소피의 단골 레스토랑

한때 연예인 '이영자 씨의 맛집 리스트'가 아주 핫했었죠. 그런데요, 소피도 이영자 씨 못지 않은 자신만의 단골 레스토랑 리스트가 있습니다.
한남동의 '마리또엔몰리에'가 그런 곳 중 하나입니다. 일이 끝나고 가볍게 식사하기 좋은 이탈리안 레스토랑이라 자주 들르는데, 그날도 소피는 가게 입구에서 기다렸거든요. 그런데 갑자기 손님 한 분이 소피를 데리고 들어오는 게 아니겠어요. 때마침 손님이 뜸할 때라 양해를 구하고 옆에 뒀는데, 세상에 어느새 셰프님도 제 눈치를 보며 소피에게 줄 A++ 생소고기를 썰고 있더라고요.
광장동에 위치한 이탈리안 레스토랑 '오스테리아 플랫폼' 셰프님도 소피를 엄청 예뻐해요. 직접 구운 빵이 무척 맛있는데, 소피가 가면 눈앞에서 바로 빵을 구워 주신답니다. 원래 이곳은 개 출입이 안 되는 곳인데, 상황에 따라 셰프님의 허락하에 소피도 들어와서 빵을 먹죠. 막 구워 낸 빵이 얼마나 맛있는지 소피의 눈은 황홀 그 자체입니다. 간혹 SNS을 통해서 셰프님이 메시지를 남기는데요.
"소피야, 빵 구워 놨다. 언제 놀러 오니?" 라고요.
얼마 전에는 새롭게 오픈한 '마누테라스'라는 레스토랑에 갔는데요. 여기는 반려견 출입이 금지된 곳이지만 셰프님의 허락을 받고 테라스 쪽에서 기다리게 했죠. 얌전히 기다린 소피 앞에 뭐가 있었는 줄 아세요? 레스토랑의 오너인 이찬오 셰프의 고기!
"역시 기다린 자에게 복이 아니 고기가 있네."

요리 장인들의 손맛을 맛보다

손맛 좋기로 유명한 요리 장인들도 소피만 보면 뭐든 주지 못해 안달이 나요. 수십 년간 한식을 해오고 최근엔 미슐랭 가이드에서도 별을 받은 조희숙 선생님, 일식부터 지중해식, 프랑스식까지 요리의 스펙트럼이 넓은 히데코 선생님, 이종국 셰프님, 저와 오래된 인연으로 현재 배화여대에서 학생들을 가르치고 있는 김정은 교수님, 김치 장인 이하연 선생님, 내림음식의 전혜선 선생님, 음식 맛있기로 소문난 빅마마 선생님, 푸드 스타일리스트 김경미 실장님, 김윤정 실장님, 윤신혜 실장님, 문인영 실장님, 박명원 실장님, 밀리 실장님, 김보선 실장님, 류태환 셰프, 이찬오 셰프, 이연복 셰프까지… 소피의 미각을 업그레이드시켜 준 일등 공신이죠.

워낙 좋은 식재료로 정갈하게 요리하는 분들이기에 저도 선생님들이 식재료나 음식을 줄 때는 눈감아 주는 편이에요. 특히 소피를 좋아하는 조희숙 선생님은 소피만 오면 양질의 양지를 삶아서 주시고, 빅마마 선생님은 함박스테이크 촬영을 하는 날이면 소피용으로 따로 간을 해둔 함박스테이크를 주시기도 하죠.

요리 장인들을 만나 각종 산해진미를 접하는 소피, 이보다 더 행복할 수 없다는 표정을 짓습니다.

강진주, 잘 가! 나 여기서 잘 먹고 잘살게!

한번은 일본 요리 연구가인 김정은 교수의 집에 소피와 놀러 갔는데요. 이곳은 워낙 자주 가는 곳이라 저도 소피도 익숙한 곳이죠.

한참을 놀다 집으로 가려고 나섰는데 소피가 제 옆이 아닌 김정은 교수 옆에서 저를 보며 웃고 있더라고요. 꼭 저에게 '강진주, 잘 가!' 하며 인사하는 느낌이랄까요.

김정은 교수의 집에 가면 백숙에 곰탕에 스테이크 까지… 무한리필로 주니 집으로 돌아오는 발걸음이 아쉬울 수밖에요. 저를 따라나서는 게 아니라 교수님 곁에서 저를 쳐다보는 거 아니겠어요. 그 모습이 어찌나 웃기던지 한참을 웃었죠.

당대에 내로라하는 요리 명인, 요리 연구가, 셰프들의 음식을 맛본 소피이지만 그래도 가장 잘 먹는 건 역시나 제가 만든 자연식입니다. 미식견인 소피가 좋아해 주니 제 레시피도 검증받은 거나 마찬가지겠죠?

반려동물과 함께 갈 수 있는 곳 14

서울 월드컵공원 반려견 놀이터
서울 월드컵공원 내 평화의 공원에 있는 반려견 놀이터. 반려견은 반드시 13세 이상의 견주와 동반 입장해야 한다. 질병이 있는 개, 중성화하지 않은 개는 출입 불가하고, 아메리칸 핏불, 스태퍼드셔 불테리어 등 사나운 개는 상해를 입힐 수 있어 출입이 제한된다. 진도, 허스키, 시바, 셰퍼드 등의 대형견은 입마개를 한 후 출입할 수 있다.

이용 시간 오전 10시~오후 8시
(월요일 휴무, 12월~2월까지 휴장)

고양 스타필드 & 하남 스타필드
반려견과 동반 가능한 복합 쇼핑몰로 펫샵인 '몰리스'가 입점해 있으며, 반려견 전용 휴게소인 '도그라운지'도 있다.

고양 경기도 고양시 덕양구 고양대로 1955 | 1833-9001
하남 경기도 하남시 미사대로 750 | 1833-9001

비숑포차
실제로 비숑 프리제 두 마리가 반겨주는 술집. 반려견이 들어갈 수 있는 공간과 다른 공간이 분리되어 있다. 해산물 안주가 유명하고, 강아지 맥주도 있다.

서울 강남구 선릉로76길 4 | 02-542-2792

주식커피 코시나
영업부장인 시바견이 있는 맥주 맛집으로 술과 음식, 커피 등을 즐길 수 있다.

서울 성동구 성수일로11길 8 | 070-7622-2176

훌라훌라
하와이안 콘셉트의 식당으로 사진 찍기 좋은 스폿이 많다. 칠리 쉬림프, 하와이안 무스비, 아보카도 명란밥 등이 대표 메뉴.

서울 마포구 희우정로10길 4 | 070-7786-1542

홀리케어파크
반려동물 자연식 사료 회사인 '홀리케어바프 코리아'에서 회원을 대상으로 운영하는 곳. 자연에서 사람과 동물이 함께 어우러져 즐겁게 놀 수 있고, 개들의 사회화부터 펫티켓, 반려견 정보를 얻을 수 있으며 전문 상담도 가능. 예약제(http://holicarebarf.co.kr/)

홀리케어파크

강희재 인스타 heejae_holic

149 플라밍고
애견 동반 레스토랑으로 농어 파스타, 아보카도 명란 파스타, 리소토가 인기 메뉴.

📍 경기 수원시 영통구 법조로 149번 길 47
📞 031-213-0149

미노스가든
반려동물 문화 공간이라 불리는 이곳은 유기농 수제 밥, 도그 스테이크, 수제 망고 아이스크림, 개푸치노 등 애견 건강식과 음료를 판매하고 있다.

📍 서울 강남구 도산대로45길 10-5
📞 02-512-8844

자매의 부엌
하루 50인분만, 이탈리아 가정식을 판매하는 가로수길의 애견 동반 식당.

📍 서울 강남구 강남대로160길 49
📞 02-516-6767

시향
석쇠불고기 정식을 전문으로 하는 한식당으로 푸짐한 한상차림을 즐길 수 있다. 반려견 전용 의자가 마련되어 있고, 닭가슴살로 만든 강아지 전용 소시지도 판매한다. 식당 앞에는 반려견 놀이터가 있어 식사 고객에 한해 무료로 이용할 수 있다.

📍 경기도 양주시 은현면 평화로1889번 길 101-9
📞 031-859-4339

피기 하우스
망리단길 맛집으로 꼽히는 애견 동반 레스토랑으로 스테이크와 립, BBQ 메뉴가 대표적이다.

📍 서울 마포구 희우정로10길 15
📞 02-324-9167

브로콜리
문래창작촌에 위치한 애견 동반 수프카레 집으로 브로콜리 수프카레, 치킨 수프카레, 포크 수프카레 등이 인기다.

📍 서울 영등포구 도림로 436-11
📞 02-6013-8484

개떼놀이터 마약 석쇠불고기
반려견 전용 의자는 물론 자리마다 목줄 연결 고리가 설치돼 있다. 석쇠 불고기와 함께 파스타 등의 메뉴도 판매한다. 식당 뒷편의 반려견 놀이터에는 CCTV가 설치돼 있어 모니터를 통해 반려견이 노는 모습을 지켜볼 수 있다.

📍 인천광역시 계양구 다남로 278
📞 032-551-1950

플래닛오브독스
반려견과 함께 식사와 음료를 즐길수 있는 카페이자 레스토랑. 반려견 호텔과 유치원 셀렉샵과 그루밍샵을 함께 운영한다. 반려견 놀이터에는 상주하는 훈련사가 있어 반려견과 안전하게 즐길수 있다.

📍 서울 용산구 한남대로40길 10
📞 0507-1318-9644

에피소드 13

소피에게서
교훈을 얻다

소피와 살면서 즐겁고 행복한 일이 참 많아요. 그 안에서 크고 작은 교훈이나 감동을 받는 일도 많답니다. 한번은 이런 적도 있었죠. 소피가 아직 아장아장 걷던 어린 시절, 벨기에에서 온 선배 가족의 파티에 초대된 적이 있었어요. 파티답게 보쌈, 치킨, 족발 등 소피의 입맛을 자극하는 각종 음식이 가득했는데, 어린 소피는 생각보다 잘 참더라고요. 그런 소피를 보면서 선배네 가족들이 '아직 어린데, 어쩜 저렇게 잘 참을 수 있어요?'라고 물었을 정도니까요. 그런데 자세히 보니까 참고 있는 게 아니더라고요. 까맣고 똘망똘망한 눈으로 음식 한 번 보고, 그 옆에 있는 선배의 어린 아들 한 번 보기를 계속 반복하던 소피.

마치 어린아이에게 '자~ 이거 있지, 지금 내가 보고 있는 거. 이거 나 좀 주면 안돼?'라고 말하는 것처럼요! 어찌나 끈질기게 계속 같은 행동을 반복하던지 저도 놀랐죠. 그래서 어떻게 됐냐고요? 말해 뭐 하겠어요. 결국 성공했죠! 너무나 잘생긴 꼬마 아이가 소피의 사인을 알아차리고 제게 소피에게 음식을 주고 싶다고 귀엽게 쳐다보는데, 제가 어떻게 거절하겠어요. 그날 소피는 보채지 않고 사랑스러운 눈빛으로 자신의 마음을 전하는 요령 덕분에 분위기를 거스르지 않고 오히려 더 많은 사람의 응원을 받으며 맛있는 음식도 먹게 됐죠! 그 모습을 보면서 소피가 참 현명하다는 생각이 들었습니다. 우리가 일을 하다 보면 오로지 목표를 이루려고 물불 안 가리고 덤벼들다 오히려 화를 입는 경우가 간혹 있잖아요. 급하게 서두르거나 무리해서 추진하면 탈이 나는 걸 알면서도요. 그럴 때 오히려 소피처럼 안달복달하지 않고, 기다리는 지혜가 필요하지 않을까? 하는 교훈을 얻었습니다.

큰일이 닥쳤을 때도 한 템포 쉬고 가라.
손에 꽉 쥐지 말고 놓을 줄도 알아라.
기다리다 보면 기회가 온다고 말이죠.

진주의 언어 #12

    누구에게나 깨달음의 순간은 있잖아.
    그런데 그 대상이 꼭 사람은 아닐 수 있지.
    내리는 햇살
    비바람을 뿌리고 지나가는 태풍
    내 책상 위에 놓인 작은 식물을 보면서
    피부에 스치는 바람 향을 느끼면서
    그리고 까망 소피에게서도
    많은 것을 깨닫게 되거든.

크고 까만 개,
소피

반려견 키우는 사람끼리, 이러지 맙시다!

언젠가 소피와 가로수길을 걷고 있는데, 소형견을 유모차에 태워서 가는 견주가 소피를 보더니 갑자기 자신의 반려견을 보듬어 안는 거예요. "우리 강아지는 개 싫어해요! 빨리 가자." 이 말을 남기고 떠나는데, 너무 어이가 없더라고요. 아니 본인이 데리고 있는 반려견은 개 아닌가요? 개와 강아지가 다른 걸까요? 정말 이해가 안 되더라고요.

우리 소피는요~

소피는 대개 사람들을 좋아하지만, 간혹 컨디션에 따라 낯선 사람들의 손길을 부담스러워할 때도 있습니다. 개들이 몰려 있는 곳에 가면 나서지 않고 오히려 몸을 사리는 스타일인데요. 특히 나이가 들고는 몸이 힘든지 과격하게 움직이지는 않거든요. 그래서 그런지 대책 없이 짖고 날뛰는 소형견을 보면 소피는 자리를 피한답니다. 이런 소피인데, 크고 까만 외모 때문에 위험하리라 생각하고 무조건 피하거나 무서워하는 건 소피와 저에게 큰 상처가 돼요.

네, 물론 모든 것이 상대적이라고 작은 소형견에게 또 누군가에게는 소피가 무서운 존재일 수도 있죠. 이해합니다. 그렇다고 상처받을 말과 행동을 함부로 하는 건 잘못된 일이 아닐까요? 서로 다른 부분을 인정해 주고 이해해 주는 마음, 그 정도의 마음만 있다면 이런 일은 일어나지 않을 텐데요.

반려인이나 비반려인 모두에게요.

겉은 까맣지만, 속마음은 하얀 우리 소피

까맣고 크다고 공격적인 줄 알고 피하거나 선입견을 가지고 구박하는 사람들한테 꼭 말해 주고 싶어요. 소피는 겉은 까맣지만 속은 하얗다 못해 투명하다고요! 이런 시선들 때문에 산책 중에 소형견을 만나면 오히려 줄을 짧게 잡고 피하게 되는 것은 저희의 몫일 때가 많아요. 물론 내 자식이 제일 소중하고 나의 반려견이 가장 예쁘겠지만, 반려견 키우는 사람끼리 최소한의 페티켓은 서로 지킵시다. 겉은 까맣지만 속은 맑고 깨끗한 소피 역시 저에게는 최고의 반려견이고 가족이니까요. 저도 소피에게 매일 행복의 가루들만 뿌려주고 싶거든요.

진주의 언어 #13

상대를 대할 때 작은 예의만 갖춰 주면 좋겠어.
그런 마음만 있다면
우리가 서로 상처받는 일들은
조금 줄어들 텐데 말이야.

photo by Lee Eun Sook

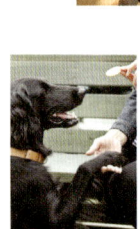

나의 듬직한 캡틴이자 든든한 친구,
사랑하는 소피!
부디 오래도록 밝고 건강하게,
나의 식구가 되어주길.

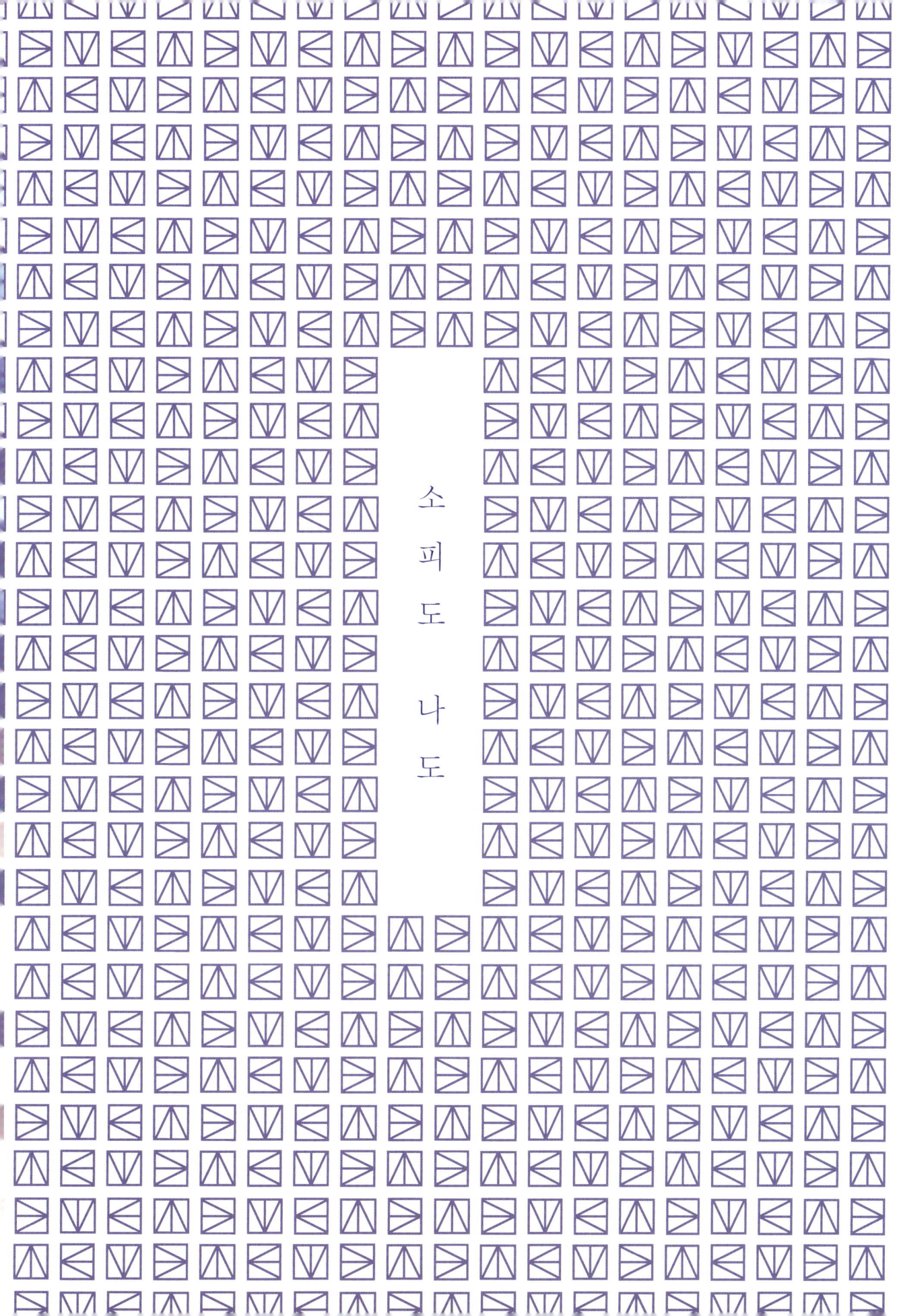

소 피 도 나 도

소피의 식탁, 소피와 나의 식탁

반려견의
식탁을
차리기에
앞서

반려견 식사 준비에 앞서

- 영양소 급여의 황금 비율(동·식물 단백질 : 채소·곡류 = 6:4)을 맞춘다.
- 곡류는 적어도 괜찮다.
- 식재료는 다양하게 제철 식재료로 활용한다.
- 반려견의 상태를 체크하고 또 체크한다. 식사 시 반응과 변의 상태도 체크한다.
- 하루 공급할 적정량을 확인한다.

식재료 분량 기준

레시피에 있는 채소의 분량은 개수에 대한 g으로 표기했다. 대략 채소 1개의 무게가 어느 정도인지 알면, 'g'으로 표시되어 있어도 분량을 가늠하기 쉽다. 단 재료의 크기가 일정치 않고, 계절마다 무게가 다를 수 있다. 아래 표의 식재료 무게는 평균적인 수치고, 절대적인 것은 아니다.

뿌리채소

식재료	무게
감자 1개	150g
고구마 1개	200g
당근 1개	200g
마 20cm	300g
무 10cm	500g
우엉 1개 50cm	160g
연근 20cm	400g
알타리무 1개	100g
레디시 1개	30g

과채채소

식재료	무게
방울토마토 1개	25g
토마토 1개	200g
단호박(중) 1개	600g
애호박 1개	300g
주키니 1개	500g
가지 1개	150g
오이 1개	250g
옥수수 1개	350g
파프리카 1개	220g

잎채소

식재료	무게
셀러리 50cm 1개	100g
시금치 1포기(잎 5장)	30g
참나물 1줄기	3g
유채나물 1줄기	15g
배춧잎 1장	80g
양상추 1통	400g
양상추 잎 1장	35g
양배추 1통	1000g
양배추 잎 1장	50g
청경채 1포기	50g
씸용 케일 1장	10g
즙용 케일 1장	40g
쑥갓 1줄기	10g

버섯류

식재료	무게
느타리버섯 1개	10g
새송이버섯 1개	50g
양송이버섯 1개	20g
표고버섯 1개	30g

기타 채소

식재료	무게
브로콜리 1개	300g
콜리플라워 1개	500g
그린빈 1개	5g
아스파라거스 1개	20g
숙주나물 1봉지	300g
콩나물 1봉지	300g
말린 톳 〉 물에 불린 톳	1.5 〉 15g
삶은 고사리 5줄기	40g

기타 재료

식재료	무게
사과 1개	300g
블루베리 1알	3g
두부 1모	300g
볶은 아몬드 1알	1.2g
호두 1알	2.3g
쌀 1컵	150g
밥 한 공기	210g

알아두면 좋은 식재료 정보

1. 모든 종류의 육류

반려견의 주요 식재료인 육류!
양질의 단백질을 공급하기 위해서는 살코기를 사용하는 것이 좋고 지방과 껍데기는 제거하는 게 좋다.

■ 소고기

단백질은 물론이고 지질과 아연, 철분이 풍부하다.
특히 뒷다리살과 목심은 지방이 적고 비타민이 풍부하다.

■ 닭

단백질 공급에 좋다.
익혀서 줄 때는 껍질을 빼고 살만 급여한다.

■ 돼지고기

단백질이 풍부하고 비타민 B군이 들어있고 피로 회복에 좋다.

■ 양고기

돼지나 닭에 비해 소화가 잘 되고, 비타민 B군과 철분, 나이아신 공급에 좋다.

■ 황태

필수아미노산이 풍부해 면역력을 높이는 데 좋다.

■ 내장

비타민과 미네랄이 풍부하다. 단, 지방 함량이 높은 간류의 내장을 많이 급여하지 않도록 주의해야 한다.

2. 생선

털과 피부 건강을 유지하고 오메가3 지방산 보충에 매우 좋다. 급여 전에 반드시 가시를 골라내야 한다. 특히 해산물은 모두 반려견들에게 좋다고 하기엔 어려우니 조금씩 급여하면서 상황을 살펴봐야 한다.

■ 연어

단백질과 오메가3가 풍부하다.
단, 반드시 익혀서 가시를 제거하고 급여한다.

■ 고등어

타우린과 콜라겐, 코엔자임Q10이 풍부하게 들어 있는 식재료다.
단, 기생충인 고래회충이 있을 수 있으니 충분히 가열해서 급여해야 한다.

■ 정어리

칼슘과 철분이 풍부해 뼈와 이빨 강화에 좋다. 뼈가 부드러우니 뼈째 섭취하면 좋다.

3. 조개류 및 해조류

조개류는 아연을 보충하기에 좋은 식재료다. 해조류는 식물성 단백질이 60%나 함유돼 있고 식이섬유와 미네랄이 풍부한 훌륭한 식재료다.

■ 굴

굴은 필수 미네랄, 오메가3 지방산 및 단백질, 아연이 풍부하다.
단, 안전한 시기에만 급여해 주고, 반드시 100℃ 이상으로 팔팔 끓는 물에 익혀서 급여한다.

■ 미역

칼슘, 알긴산, 라이닌 성분이 많아 콜레스테롤 수치를 낮춰 주고 식이섬유가 풍부한 식재료다. 단, 갑상선 질환이 있는 반려견에게는 위험할 수 있다.

■ 다시마

미네랄과 식이섬유가 풍부해서 몸의 수분 밸런스 조절과 스트레스 완화에 도움이 된다.

4. 콩류

단백질뿐 아니라 섬유질과 비타민, 미네랄까지 풍부하다. 생콩이나 통조림콩은 금물, 반드시 익혀서 급여해야 한다.

■ 두부

콩보다 두부는 소화가 잘 되고 흡수율이 높다. 암세포의 성장을 억제하고 혈액 순환을 원활하게 한다.

■ 비지

풍부한 식이섬유로 장 활동을 촉진시키는 데 도움이 된다.
반드시 가열해서 급여한다.

5. 달걀

아미노산을 비롯해 비타민 A, 비타민 B, 철분, 칼슘, 엽산 등 여러 가지 좋은 영양소가 가득하다. 반드시 익혀서 급여한다. 흰자는 조금만 급여 후 변화를 관찰하고 이상이 없을 때 주는 것이 좋다.

6. 채소

파와 부추, 양파, 마늘 등을 빼고는 대부분의 녹색잎채소는 반려견에게 적합한 식재료다.

■ 단호박

비타민 A가 풍부하며,
항암 효과 및 면역력 강화에 좋다.

■ 당근

강아지의 털에 윤기와 생명력을 불어 넣어 준다.
삶거나 익혀서 급여한다.

알아두면 좋은 식재료 정보

■ 셀러리
칼슘, 칼륨, 인 등을 함유하고 있어 강아지 관절에 큰 도움을 주며 알레르기 개선과 신장에 좋다.

■ 파프리카
비타민 C가 많아 반려견에게 좋다. 잘 먹지 않는다면 잘게 썰거나 갈아서 사료와 간식에 섞어 급여한다.

■ 양배추
섬유질이 풍부해 소화가 잘 되고 털과 피부에 영양을 공급하며 암과 같은 질병을 예방한다.

■ 감자
밭에서 나는 사과로 불릴 정도로 비타민 C를 다량 함유하고 있다.

■ 참마
스태미나를 높이는 데 최고의 식재료다. 생으로 활용해도 좋다.

■ 배추
반드시 익혀서 급여한다. 95%가 수분이라 이뇨 작용을 돕는다.

7. **과일** 과일은 디톡스 효과가 좋다. 특히 제철 과일을 활용하면 식사가 더욱 풍성해진다.

■ 배
소화 기관이 좋지 않은 강아지들에게 큰 도움이 된다. 소량만 급여한다.

■ 바나나
달콤한 맛이 해가 되지 않는 과일로, 스트레스 해소에 도움이 된다.

■ 블루베리
안토시아닌 성분으로 눈 건강에 도움을 준다.

■ 사과
삶거나 구워서 급여하면 영양가가 더 높아진다.

■ 수박
칼륨과 수분이 풍부해서 열사병에 도움이 된다.

■ 복숭아
체내 흡수가 빨라 좋은 에너지원으로 활용이 가능하다.

8. **버섯류** 버섯류는 반려견에게도 영양가가 높은 식재료다. 날것보다는 건조·냉동한 것이 영양가가 더 높다. 분말로 양념처럼 활용해도 좋다.

■ 표고버섯
미네랄과 식이섬유가 풍부하다. 노화 방지에도 도움이 된다.

■ 팽이버섯
비타민이 풍부하다. 심장 기능을 돕는다.

■ 양송이 버섯
피부와 점막을 보호하고, 구내염과 장의 염증을 억제한다.

반려견에게 절대 주면 안 되는 식재료

① 초콜릿

달콤한 초콜릿은 개들에게는 아주 위험한 음식이다. 반려견 몸무게 1kg을 기준으로 카카오 28g만 먹어도 치사율이 50%나 되는데, 카카오 열매의 테오브로민 성분 때문이다. 반려견의 신경계를 자극하고 심박수를 증가시키는 독성 성분이니 주의해야 한다.

② 포도

반려견의 신장을 망가트리는 독소가 들어 있어 조금이라도 섭취하면 급성신부전, 구토, 설사, 식욕 감퇴, 콩팥의 손상 등이 발생한다. 건포도를 포함 모든 포도류는 급여 금지다.

③ 양파, 마늘

적혈구 약화, 간 손상, 빈혈, 심장마비 등을 일으킨다. 특히 양파는 치명적이라 생양파, 조리된 양파 모두 금해야 한다.

④ 아보카도

아보카도의 씨와 껍질은 주의해야 한다. 소화 불능으로 장폐색의 위험도 크다.

⑤ 자일리톨이 함유된 식품

췌장에서 인슐린이 과다 생성되어 급격한 저혈당을 유발한다. 심하면 간 손상까지 올 수 있어, 섭취 시 바로 동물병원으로 데려가야 한다.(자일리톨 포함 제품 – 무설탕 사탕, 기침 시럽, 치약 등)

⑥ 양파, 파 & 마늘

섭취시 구토와 호흡 곤란이 올 수 있다. 티오황산염과 N-프로필디설파이드 성분이 적혈구를 파괴하고 다량 섭취시 빈혈을 일으키고 사망에까지 이를 수 있으니 주의해야 한다.

⑦ 카페인

혈압과 맥박을 상승시킨다. 심한 경우 발작과 경련을 일으킬 수 있다. 치료약이 없으니 주의해야 한다.(커피뿐 아니라 녹차, 홍차 등 카페인 함유된 식재료 주의)

⑧ 사과씨 – 열매의 씨

시안화물(cyanide)이 함유돼 있어 축적되는 경우 건강에 치명적인 영향을 끼친다.

⑨ 토마토 파란 부분

솔라닌이라는 성분 때문에 호흡 곤란, 경련, 마비 증상 을 일으킨다.(가지와 피망의 싹과 꼭지도 솔라닌 성분 함유)

⑩ 알로에 겉 부분

구토, 우울, 설사, 식욕 부진, 떨림, 소변 색깔 변화 등의 증상을 유발한다.

⑪ 진달래 & 철쭉

그라야노톡신이라는 독성 물질을 함유하고 있다. 골격근, 심장 근육 및 신경 기능을 방해한다. 과도한 침흘림, 설사, 사지마비 증상을 일으킬 수 있다.

⑫ 토란

중독을 일으켜 구토, 침흘림, 과민 반응을 보인다.

⑬ 마카다미아

구토, 보행 이상, 근육 강직 등의 증상을 일으킨다.

소피의
식탁 활용법

자연식을 하기에 앞서

- 소피는 28kg의 대형견이어서 한 끼에 400~500kcal 기준으로 맞추었습니다.
- 단백질은 높고 탄수화물이 적으므로 반려견에게는 건강식,
  사람에게는 다이어트식으로 좋습니다.
- 전문 병원에서 정기적인 종합검진은 필수입니다.
- 반려견에 따라 식재료가 안 맞을 수 있으니 반드시 체크해야 합니다.
- 모든 식재료는 반려견의 상태(기호도, 알레르기 여부)에 따라
  다른 식재료로 교체하거나 넣지 말아야 합니다.
  특히 마늘, 우유, 달걀, 치즈, 오일류 등은 체크해야 합니다.

메뉴 선정의 포커스

- 5대 영양소가 골고루 들어가 있는 메뉴를 선정하여, 단백질을 높이고 탄수화물을 낮춘 비율의 레시피를 제안합니다. 전 세계 전통 요리 중에서 영양 밸런스를 맞추어 레시피를 제안합니다.

만들어 두면 좋은 기본 요리들

- 대량으로 만들어 냉동실에 보관해 두었다가 영양 비율에 맞추어 반려견에게 급여합니다.
- 육수, 퓌레 등은 소피의 식탁 레시피 외에 다른 요리에 응용해도 좋습니다.

반려견 요리가
더욱 쉬워지는

만들어 두면 좋은 기본 요리들

만능 채소 퓌레 3종 만들기

여러 가지 채소의 영양을 고루 섭취할 수 있도록 푹 삶아 갈아 만든 퓌레.
채소는 푹 익혀 곱게 갈면 소화흡수율이 높아져 영양적으로 우수해집니다.
다채로운 채소가 품은 양질의 영양을 제공하는 채소 퓌레는 고기 요리에 곁들이거나
국물 요리나 소스 등에 활용하기 좋아 그야말로 만능입니다.
냉동실에 보관해 두고 다양한 용도로 활용해 보세요!

소스와 토핑, 육수 만들기

미리 만들어 두면 언제든지 다양하게 활용이 가능한 소스와 토핑, 그리고 육수!
특히 육수는 수분 섭취가 중요한 반려견들에게는
수분 섭취를 도와줄 수 있는 요긴한 식재료입니다.

리예뜨(저장 음식) 만들기

대표적인 프랑스 음식인 리예뜨는 빵이나 토스트에 잼을 발라 먹는 프랑스인에게
일상적인 저장 음식입니다. 보통 돼지고기나 오리고기를 저온으로 천천히 익혀
고기 지방이 부드러운 상태가 될 때까지 가열한 후 차갑게 굳혀서 만듭니다.

레드퓨레

옐로퓨레

그린퓨레

라구소스

코티지치즈

피시볼

소고기미트볼

닭육수

가다랑어포육수

멸치육수

조개육수

육수

후무스

돼지고기리예뜨

고등어리예뜨

난각파우더

Recepi | 소피도 나도 193

레드퓌레 *Red Purée*

각종 영양 성분 뿐만 아니라 항산화 물질이 풍부해서 대표적인 슈퍼푸드로 꼽히는 토마토는 건강에 매우 좋은 식재료입니다. 토마토는 그냥 먹는 것보다 가열하면 라이코펜이 더 잘 흡수되기 때문에 레드퓌레를 만들어 요리하면 영양은 더욱 올라갑니다.

재료 | 1100g

토마토 4개 (800g)
양배추 1/4개 (250g)
당근 1개 (200g)
브로콜리 1/2개 (150g)

물 300ml

1. 모든 재료는 깨끗이 씻어 큼직하게 썬다.

2. 바닥이 두꺼운 냄비에 모든 재료를 넣고 뚜껑을 닫아 강한 불에서 끓어오르면 약한 불로 줄여 20분가량 푹 익힌다. 중간에 물이 부족하면 자작할 정도로 물을 추가해 재료를 익힌다.

3. ②가 부드럽게 익으면 믹서나 핸드블렌더를 이용해 퓌레 상태로 곱게 간다.

4. 한 김 식힌 뒤 용기에 담아 보관한다. 냉장고는 2~3일, 냉동실은 3주간 보관이 가능하다.

TIP 브로콜리 대신 붉은 파프리카로 대체하면 요리의 색감도 더 예쁘고, 영양소도 풍부해진다.

반려견 한 그릇 영양 정보 **총 344 kcal**

옐로퓨레 *Yellow Purée*

당근과 단호박, 강황가루를 넣어 만든 퓨레입니다. 노란색 채소와 과일에 함유된 알파카로틴, 베타카로틴은 항산화 능력이 탁월해 몸 안의 독성 물질을 억제시키는 역할을 합니다. 항염 효과가 뛰어나다고 알려진 강황은 통증 완화는 물론 염증 치료에 효과가 좋은데, 소피 역시 항문 염증으로 고생할 때 강황가루를 먹여 효과를 본 효자 식재료입니다.

재료 | 700g

단호박(속과 껍질 제거) 1개 (500g)
당근 1개 (200g)

강황가루 3큰술
물 500ml

1. 모든 재료는 깨끗이 씻어 큼직하게 썬다.

2. 바닥이 두꺼운 냄비에 모든 재료를 넣고 뚜껑을 닫고 강한 불에서 끓어오르면 약한 불로 줄여 20분가량 푹 익힌다. 중간에 물이 부족하면 자작할 정도로 물을 추가해 재료를 익힌다.

3. ②가 부드럽게 익으면 믹서나 핸드블렌더를 이용해 퓨레 상태로 아주 곱게 간다. 되직해서 잘 갈리지 않으면 물을 한 스푼씩 흘려 넣으며 갈고, 어느 정도 부드럽게 갈리면 강황가루를 넣어 한 번 더 곱게 간다.

4. 한김 식힌 뒤 용기에 담아 보관하는데, 냉장고는 2~3일, 냉동실은 3주간 보관이 가능하다.

TIP 반려견에 따라 강황가루의 분량을 가감한다.

반려견 한 그릇 영양 정보 **총 281 kcal**

그린 퓨레 *Green Purée*

브로콜리와 애호박, 시금치, 케일이 듬뿍 들어가 미네랄과 비타민이 풍부한 초록 에너지 퓨레입니다. 초록색 채소는 강한 해독 작용과 노화 예방에 효과적이라고 알려져 있습니다. 완두콩을 추가하면 식물성 단백질의 영양도 보충할 수 있어요.

재료 | 1450g

브로콜리 2개(600g)
애호박 1개(300g)
시금치 1/2근(200g)
즙용 케일 5장(200g)

물 300ml

1. 모든 재료를 깨끗이 씻어 큼직하게 썬다.

2. 바닥이 두꺼운 냄비에 모든 재료를 넣고 뚜껑을 닫아 강한 불에서 끓어오르면 약한 불로 10분가량 푹 익힌다. 중간에 물이 부족하면 자작할 정도로 물을 추가해 재료를 익힌다.

3. ②가 부드럽게 익으면 믹서나 핸드블렌더를 이용해 퓨레 상태로 아주 곱게 간다.

4. 한김 식힌 뒤 용기에 담아 보관한다.
   냉장고는 2~3일, 냉동실은 3주간 보관이 가능하다.

반려견 한 그릇 영양정보 **총 356 kcal**

라구소스 *Ragout Sauce* 🇮🇹

라구소스는 양파, 마늘, 고기를 볶고 토마토 소스와 와인을 넣고 졸여서 만드는 이탈리아 전통 요리입니다. 하지만 반려견용 라구소스는 소고기와 돼지고기 그리고 다양한 채소를 듬뿍 넣어 영양만점 요리로 만들었습니다. 만들어 두면 파스타를 할 때도 일품 요리에도 어디든 곁들일 수 있는 만능 아이템입니다.

재료 | 650g

돼지고기 · 소고기 다짐육 200g씩
애호박 1/3개 (100g)
레드 · 옐로 파프리카 1/4개씩 (55g씩)
당근 1/4개 (50g)
셀러리 1/2대 (50g)
양송이버섯 2개 (40g)
레드퓨레 2컵 (400ml) `194쪽 참고`

올리브오일 2큰술

1. 채소는 모두 7×7mm 크기로 잘게 다진다.

2. 두꺼운 팬에 올리브오일을 두르고 셀러리를 먼저 볶아 향을 내고 돼지고기와 소고기 다짐육을 넣어 갈색이 되도록 익히다가 다진 나머지 채소류를 모두 넣고 볶는다.

3. 채소가 부드러워지면 레드퓨레를 넣고 약한 불에서 30분가량 뭉근하게 끓여 라구소스를 만든다.

4. 한 김 식힌 후 소분해 놓는다. 냉장고는 2~3일, 냉동실은 3주간 보관이 가능하다.

반려견 한 그릇 영양 정보 `총 823 kcal`

코티지치즈 *Coattage Cheese*

반려견과 함께 치즈의 맛을 즐길 수 있는 레시피입니다. 우유를 잘 소화하지 못하는 반려견도 먹을 수 있는 칼슘과 비타민 B^2가 듬뿍 들어 있는 코티지치즈입니다. 한 번 만들면 냉장실에서 4~5일간 보관 가능합니다.

재료 | 180g

우유 1L
소금 1작은술
사과식초 또는 현미식초 2큰술

1. 바닥이 두꺼운 냄비나 소스 팬에 우유와 소금을 넣고 약한 불에서 뭉근히 끓이다가 냄비 가장자리에 거품이 일기 시작하고 우유에 얇은 막이 생기면 식초를 넣는다.
가열하는 동안 우유가 끓어 넘치지 않게 주의한다.

2. ①을 살짝 저어준 뒤 약한 불로 10분 정도 둔다. 이때 절대 젓지 않는다. 식초를 넣은 후 자주 저으면 몽글몽글한 덩어리가 잡히지 않으니 주의한다.

3. 순두부처럼 몽글몽글하게 덩어리가 생기면 불을 끈다.

4. 촘촘한 면 보자기에 부어서 걸러 꼭 짠 후 3시간가량 그대로 두어 유청을 분리한다.

5. 유청이 다 분리되어 소프트한 치즈 식감이 생기면 밀폐 용기에 옮겨 담아 냉장고에서 차갑게 보관한다.

TIP 반려견에게 레몬은 독성이 있으니 사과 식초나 현미 식초로 대체한다.
유청은 버리지 말고 베이킹 재료나 세안할 때 사용하면 좋다.

반려견 한 그릇 영양 정보 **총 650 kcal**

피시볼 *Fishball*

직접 갈아서 만드는 홈메이드 피시볼은 단백질 공급에 좋은 재료입니다. 생 대구살이나 새우, 조갯살, 오징어 등 여러 재료로 응용할 수 있습니다. 육류만 먹으면 부족해지기 쉬운 영양소를 보충할 수 있고, 많이 만들어서 냉동 보관해두면 좋아요.

재료 | 900g (20g씩 45개 분량)

냉동 동태살 · 냉동 새우 300g씩
오징어 1마리(300g)
달걀흰자 1개

전분 1큰술

1. 오징어는 껍질을 벗긴다.

2. 오징어와 냉동 동태살, 새우는 찰기가 생길 때까지 식감이 유지되도록 듬성듬성 잘게 다진 후 달걀 흰자와 전분을 넣어 한 방향으로 잘 치댄다. 반죽의 물기가 많아 잘 뭉쳐지지 않을 경우 전분을 추가한다. 끈기가 생길 때까지 오래 치대야 피시볼이 잘 부서지지 않고 단단해져 모양 잡기가 쉽다.

3. 반죽에 어느 정도 찰기가 생기면 먹기 좋은 크기로 떼어내어 강한 불의 끓는 물에 3분 정도 삶는다. 피시볼이 끓는 물 위로 떠오르면 건져낸다.

4. 익은 피시볼은 미리 준비해 둔 찬물에 담갔다가 건진다.

5. 삶아 둔 피시볼은 소분해 냉동실에 보관한다. 요리하기 1시간 전에 꺼내 자연 해동시키거나 전자레인지에 30초~1분가량 데워서 사용한다.

TIP 오징어는 반려견 취향에 따라 가감한다.

반려견 한 그릇 영양 정보 총 899 kcal

소고기미트볼 *Meatball*

단백질, 철분, 아연, 비타민 B 등의 영양소가 풍부한 소고기로 만들어 영양가가 높은 미트볼. 나라별로 만드는 방법과 재료가 다양해 레시피가 천차만별입니다. 양고기를 좋아한다면, 소고기를 양고기로 교체해서 만들어도 좋습니다.

재료 | 630g(30g씩 21개 분량)

소고기 다짐육 600g
빵가루 1/2컵
다진 파슬리·강황가루 1작은술씩

올리브오일 1큰술

1. 볼에 주재료를 모두 넣고 반죽해 20개의 미트볼을 만든다.

2. 팬에 올리브오일을 둘러 달군 후 중간 불에서 미트볼을 노릇하게 굽는다.

3. 미트볼이 식으면 한 개씩 랩으로 포장한 후 냉동실에 보관한다.

TIP 소고기 대신 양고기, 돼지고기, 닭고기 등 재료를 다양하게 바꿔줄 수 있다. 미트볼은 잘 치대 끈기가 생겼을 때 구워야 모양이 잘 유지된다.

반려견 한 그릇 영양 정보 총 1,116 kacl

닭 육수

사람용은 마늘과 양파, 대파, 부케가르니 등을 넣습니다. 반려견용은 손질한 닭만 넣고 끓입니다.

재료 | 3.8L

삼계탕용 닭 1마리

물 4L

1. 닭은 꼬리와 꼬리쪽 지방을 잘라내고 배쪽 핏기를 깨끗하게 씻어낸다.

2. 냄비에 모든 재료를 넣고 강한 불에서 끓이다가, 한소끔 끓기 시작하면 거품을 걷어내고 중간 불에서 40분에서 1시간 정도 삶는다.

3. 닭을 건져내고 체에 면보를 깔고 국물을 맑게 거른다.

4. 닭은 식으면 반려견이 먹기 좋게 찢고, 1회분씩 소분해 냉장고 또는 냉동실에 보관한다.

다시마육수

된장찌개, 달걀찜, 각종 수프를 만들 때 요긴한 육수! 깨끗한 다시마를 물에 담그기만 해도 글루타민산이 나와 훌륭한 육수가 완성됩니다. 다시마는 미네랄이 풍부하고 콜레스테롤을 낮추는 효과가 있는 알긴산이 포함돼 있어요.

재료 | 1L

다시마 10g(5×3cm)

물 1L

1. 다시마를 물에 넣고 냉장고에서 최소 3시간, 최대 8시간까지 우려낸다. 우려낸 후에는 다시마를 건져야 국물이 깔끔하다.

TIP 넉넉한 분량의 육수를 만들어 냉장고에 보관하면 다양한 요리에 활용하기 좋다.

가다랑어포육수

콜라겐을 활성화하는 자연식품인 가다랑어포는 양질의 단백질이 주성분으로 칼륨, 인, 비타민 D를 포함한 저지방, 저칼로리 식재료인데요. 다시마를 우려 낸 물에 얇게 깎은 가다랑어포를 더해서 끓이는 간단하지만 활용도 높은 육수입니다.

재료 | 1L

다시마 · 가다랑어포 10g씩

물 1L

1. 다시마를 30분 간 담근 후 70~80℃를 유지하며 10분 간 끓인다.

2. 우려낸 후 다시마를 건져내고, 가다랑어포를 넣어 한소끔 끓이다가 바로 건져낸다.

멸치육수

칼슘과 다양한 미네랄 그리고 DHA, EPA 등 불포화 지방산이 많은 식품인 멸치! 한식 요리에 자주 쓰이는 멸치육수는 우려놓으면 국물 요리에 간편하게 사용할 수 있습니다.

재료 | 1L

국물용 멸치·다시마 10g씩

물 1L

1. 멸치는 내장과 머리를 떼어낸다.

2. 용기에 멸치와 다시마, 분량의 물을 넣고 뚜껑을 덮은 다음 냉장고에서 6~8시간 우려낸 후 멸치와 다시마를 건진다. 또는 모든 재료를 냄비에 넣고 약한 불에서 30분간 끓인 후 다시마를 먼저 건지고, 약한 불로 5분간 더 우린 후 멸치를 건진다.

✓ **남은 멸치와 다시마 활용법**
- 다시마는 5 cm×3 cm 채로 썰어(소형견의 경우 더 잘게 썬다) 토핑에 사용한다. 또는 한번 우려낸 다시마를 냄비에 물 1L를 넣고 약불에서 10분간 우려서 사용해도 된다.
- 멸치나 바지락, 다시마는 육수를 우리고 난 후, 모두 잘게 잘라 반려견에게 먹여도 된다.

조개육수

동물성단백질과 미네랄, 비타민 B군이 풍부한 저지방·저칼로리 식재료인 조개는 칼슘, 철, 아연, 마그네슘, 칼륨 등이 포함돼 있어 각종 미네랄 섭취에 좋습니다. 보통 조개의 비린내를 없애기 위해서 레몬 껍질을 넣기도 하지만 반려견용은 물만 넣고 우리면 됩니다.

재료 | 1.5L

조개 600g

물 1.5L

1. 해감한 조개를 분량의 물과 함께 넣고 끓인다.

2. 물이 끓어오르면 거품을 걷어내고, 조개 입이 열리면 바로 불을 끈다.

3. 체에 밭쳐서 육수와 조개를 거른다.

TIP 해감이 덜 된 조개에서 모래가 나올 수 있으니 조심히 따라내 사용한다.
조개의 종류는 바지락, 모시조개 등 계절에 맞춰 구하기 쉬운 것을 쓰면 된다.

후무스 *Hummus*

후무스는 '메제'라고 하는 중동요리의 전채를 대표하는 음식이에요. 병아리콩, 타히니(중동식 참깨 페이스트), 올리브오일을 페이스트 상태로 만들어 빵과 채소를 찍어 먹습니다.
단백질, 비타민, 칼슘, 아연, 칼륨, 엽산, 식물성 섬유질이 풍부한 슈퍼푸드 후무스는 미리 만들어 두었다가 영양소가 부족할 식사에 토핑으로 쓰면 아주 유용합니다.

재료 | 1,150g

불린 병아리콩 500g
(건조 병아리콩 경우 250g)
고구마 2개(400g)

1. 병아리콩은 8시간 정도 물에 불린다. 냄비에 콩 3배 분량의 물을 넣고 끓기 시작하면 중간 불에서 20분 정도 삶는다.

2. 껍질을 벗겨 한입 크기로 자른 고구마를 넣어 20분간 더 삶는다.

3. 병아리콩이 손가락으로 으깰 수 있는 정도가 되면 물기를 빼고 푸드프로세서에 넣고 간다. 병아리콩이 잘 갈리지 않을 때를 대비해 콩 삶은 물 2컵 정도 버리지 않고 준비한다.

TIP 한 번 만들 때 2~3배 분량을 만들어 1회 분량씩 소분해 냉동 보관한다.

반려견 한 그릇 영양 정보 총 1,436 kcal

돼지고기 리예트 *Pork Rillettes*

가장 대표적인 리예뜨 재료는 돼지고기입니다. 돼지고기로 리예뜨를 만들 때는 오래 조리지 않는 것이 포인트입니다. 돼지 앞다리살은 지방이 적어 노령견에게 좋습니다.

재료 | 550g

돼지 앞다리살 500g
소금 약간
렌틸콩 50g
잎을 제거한 셀러리 줄기 1개(100g)
당근 1/2개(100g)

올리브오일 1큰술
다시마육수 1컵 `211쪽 참고`

1. 돼지고기는 한입 크기로 잘라 소금을 뿌려 잠시 둔다.

2. 렌틸콩은 10분간 물에 불린 후 푹 삶고, 셀러리, 당근은 아주 잘게 다진다.

3. 냄비에 올리브오일을 둘러 달군 후 셀러리, 당근을 넣고 볶는다. 돼지고기도 넣고 볶다가 다시마육수를 붓고 약중간 불로 1시간 정도 익힌다.

4. 고기가 아주 부드러워지면 물기를 제거한 후 렌틸콩과 합쳐 푸드프로세서로 갈고 올리브오일로 농도를 조절한다.

5. 보관 용기에 담고 식힌다.

반려견 한 그릇 영양 정보 총 **1,038** kcal

고등어 리예트 *Mackerel Rillettes*

양질의 단백질이 풍부할 뿐 아니라 생선중 비타민 B^2가 제일 많이 포함돼 있고, 칼슘을 잘 흡수해주는 비타민 D도 많은 고등어. 한끼 영양소가 부족하다 싶을 때 2큰술 정도 곁들이면 좋습니다.

재료 | 총 320g

고등어살 1마리(300g)
두유 1컵
다진 로즈메리 1/2작은술
코티지치즈 4큰술 203쪽 참고

1. 고등어는 껍질째 살만 준비한다. 이때 고등어 가시는 핀셋을 이용해 꼼꼼하게 제거한다.

2. 냄비에 두유를 데워 고등어, 로즈메리를 넣고 약중불로 끓인다. 2분 정도 지나면 고등어를 뒤집어 익을 때까지 끓인다.

3. 불에서 내려 식힌 후 고등어를 건져낸다.

4. 볼에 고등어와 코티지치즈를 넣고 숟가락으로 으깨면서 잘 섞는다.

5. 보관용기에 담고 식힌다.

TIP 코티지 치즈가 없을 때는 무가당 요구르트로 대체한다.

반려견 한 그릇 영양 정보 총 882kcal

난각파우더

반려견에게 아주 좋은 칼슘원의 하나인 난각파우더.
달걀을 깨서 껍질만 사용하고 흰자와 노른자는 오믈렛이나 케이크 등 달걀 요리에 활용하세요.
요리마다 뿌려주면 좋습니다.

재료

달걀 껍질 10개

1. 달걀 껍질을 깨끗하게 씻어 준비한다.

2. 150℃로 오븐을 예열한다.

3. 오븐팬에 종이호일을 깔고 물기를 제거한 달걀 껍질을 겹치지 않게 놓아 10분 정도 굽는다.

4. 달걀 껍질 가장자리가 갈색으로 구워지면 꺼내어 식힌 후 막자사발이나 그라인더로 간다.

5. 뾰족한 파편이 있는지 확인한 후 밀폐용기에 보관한다. 난각파우더는 최장 35일까지 실온 보관 가능하다.

TIP 달걀 껍질은 베이킹소다로 깨끗이 여러 번 씻어야 한다.

너도 먹고 나도 먹는
요리 레시피

기력 돋는 특급 보양식

사계절이 뚜렷한 우리나라는 계절이 바뀔 때마다
보양식으로 건강을 지켜왔습니다.
정성 가득 보양식으로 무더운 여름과 추운 겨울을 날 수 있는
체력과 면역력을 채웠습니다.
특히 날이 더워지면 반려견 역시 입맛이 떨어지기 마련이고
소화 기능도 떨어지죠.
이럴 때 반려견을 위해 챙겨 먹일 보양식이 있습니다.
나와 반려견이 함께 먹을 수 있는 특별한 보양식 함께 만들어 볼까요?

황태국밥

낡 녹두죽

렌틸콩 미트볼수프

삼치 토로로우동

양고기스튜

트리파

연어 에그그라탕

우에보스 아라 플라멩카

도뉴나베

무사카

닭다리 감자찜

소고기 옐로퓌레카레

황태국밥 🇰🇷

아연이 풍부한 굴, 아르기닌산이 풍부한 콩나물, 피로 해소에 좋은 황태를 넣고 깊고 진하게 끓여낸 국밥입니다. 기운 없고 축 쳐진 반려견에게 최고의 스태미나 보양식이에요. 겨울철에는 아연이 부족해지기 쉬운 반려견에게 굴을 넣어 먹이면 더욱 좋습니다.

재료 | 2회분

황태채 100g
들기름 약간
물 5컵
무 2cm(100g)
콩나물 120g
굴 200g
불린 미역 30g

달걀 2개

밥 2/3공기(140g)

1. 황태채를 물에 30분간 불리면 부드러워지고 염분이 제거된다. 반려견이 건강한 상태라면 남은 물을 다시 써도 좋다.

2. 굴은 흐르는 물에 살살 씻는다.

3. 무는 1×3cm 크기로 썰고 콩나물은 3cm 길이로, 미역은 잘게 자른다.

4. 달걀은 곱게 푼다.

5. 황태채의 물기를 뺀 뒤 마른 팬에 들기름 약간을 더해 볶다가 분량의 물을 넣어 중 불에서 15분간 끓여 육수를 만든다.

6. 황태육수에 무를 넣고 중불에서 10분간 끓인 후 무가 익으면 콩나물을 넣는다. 콩나물의 비린내가 사라지면 굴과 미역을 넣고 한소끔 끓여 낸 후 달걀물을 붓는다.

7. 달걀물을 고루 풀고 한 김 식혀 그릇에 담아낸다. 반려견의 취향에 따라 반숙 달걀로 조리해도 좋다.

TIP 피시오일을 사용하거나, 들기름은 저온 압착한 것을 사용한다.

<u>사람도 함께 먹기!</u> 사람이 먹을 때에는 마지막에 기호에 따라 국간장과 소금, 후추로 간한다.

반려견 한 그릇 영양 정보 **총 432 kcal**

닭 녹두죽 🇰🇷

단백질 함량이 높고 아미노산의 밸런스가 좋으며, 비타민 B군이 풍부한 닭고기는 보양식 재료로 으뜸입니다. 철분이 시금치보다 3배 높은 녹두, 비타민과 미네랄이 풍부한 녹색채소인 케일을 추가해서 끓이는 한국식 죽입니다. 마지막에 피시볼을 넣어주면 맛도 영양도 배가 돼요.

재료 | 2회분

- 닭안심살 300g
- 녹두 50g
- 불린 쌀 4큰술 (70g)
- 쌈용 케일 잎 4장 40g

- 피시볼 4개 **204쪽 참고**
- 물 600ml

- 으깬 호두 2알(5g)
- 아몬드 4알(5g)

1. 녹두는 반나절 정도 찬물에 불리고, 쌀은 30분 정도 물에 불린다.
2. 불린 녹두는 물에 담가 손으로 주물러가며 껍질을 벗겨 껍질이 뜨면 물을 버리는 과정을 반복한다.
3. 냄비에 불린 녹두와 쌀, 물 600ml를 넣고 약한 불에서 저어가며 15분 정도 끓인다. 중간에 생기는 거품은 걷어낸다.
4. 닭안심은 길이 3cm로 얇게 자른다.
5. 케일잎은 잘게 다진다.
6. ③의 녹두와 쌀이 퍼지면 닭고기를 넣고 약한 불에서 저어가며 약불로 5분 끓인다.
7. 마지막에 피시볼을 넣고 약한 불에서 5분 더 졸인다.
8. 그릇에 담아 으깬 호두와 아몬드를 얹는다.

TIP 일반 녹두는 껍질 까기가 쉽지 않은데, 깐녹두를 사용하면 좀 더 수월하다. 하지만 깐 녹두에도 약간의 껍질이 남아 있어 ②번 과정은 꼭 해야 한다.

<u>사람도 함께 먹기!</u> ⑥번 과정에서 1인 분량을 냄비에 덜어내고 소금으로 간한다.

반려견 한 그릇 영양 정보 총 **384 kcal**

렌틸콩 미트볼수프 *Lentils Meatball Soup* 🇪🇸

신석기 시대부터 재배해 왔다고 추측되는 렌틸콩은 인류가 고대부터 먹어온 식재료 중 하나입니다. 인도 카레에는 다양한 종류의 렌틸콩이 사용되고 있는데, 식물성 섬유질·렉틴·칼륨·비타민 B^1·철분이 함유돼 있습니다. 영양 풍부한 렌틸콩과 갖가지 채소, 미트볼, 레드퓌레를 넣고 끓이는 일품 수프입니다.

재료 | 2회분

- 말린 렌틸콩 1컵(100g)
- 미트볼 6개(180g)
- 셀러리 25cm(50g)
- 주키니 4.5cm(70g)
- 당근 1/2개(100g)
- 양송이버섯 4개(80g)
- 브로콜리 1/4개(75g)

- 올리브오일·다진 파슬리 1큰술씩
- 물 1L
- 표고가루 약간

- 레드퓌레 2컵(400ml)
  194쪽 참고

1. 렌틸콩은 물에 담가 불순물을 제거한 다음 10분 정도 물에 불린다.

2. 모든 채소는 1×1cm 크기로 자른다. 셀러리는 잘게 다진다.

3. 올리브오일을 두른 냄비에 손질한 채소를 넣고 중불에서 3분간 볶은 후 물과 표고가루를 넣는다.

4. 표고가루가 덩어리 없이 풀어진 후 렌틸콩과 미트볼을 넣고 약중불로 15분 정도 졸인다.

5. 레드퓌레를 넣고 5분간 더 졸여 그릇에 담고 기호에 따라 파슬리를 뿌린다.

TIP 렌틸콩 대신에 병아리콩, 한국의 울타리콩, 완두콩, 녹두콩으로 만들어도 좋다.

사람도 함께 먹기! ⑤ 과정에서 소금으로 간한다.

반려견 한 그릇 영양 정보 총 **446 kcal**

삼치 토로로우동 とろろ うどん

토로로는 마를 강판에서 간 것을 말합니다. 우동이나 소바, 소면에 다짐육이나 낫토, 우메보시 등을 곁들여서 토로로를 얹어 비벼서 먹으면 일품입니다. 이 레시피는 삼치살을 사용했지만 연어살이나 고등어, 닭고기로 바꿔도 됩니다. 단, 생선살은 아무리 가시를 제거했다고 해도 끝까지 확인하고, 기호에 따라 부셔서 먹이도 좋습니다.

재료 | 2회분

- 삼치살 160g
- 마 120g
- 우동 1봉지 (200g)
- 구운 두부 4장 (200g)
- 달걀노른자 2개
- 낫토 2팩 (100g)

- 가다랑어포 두 줌 (30g)

1. 삼치살은 에어프라이어나 오븐에서 바싹 굽는다.
2. 마는 껍질을 벗겨 강판에 갈아 준비한다.
3. 끓는 물에 우동면을 넣어 손으로 누를 수 있을 정도로 부드러워지면 재빨리 찬물에 헹구어 체에 받힌다.
4. 낫토는 젓가락으로 섞는데, 많이 섞어야 끈적끈적한 실타래가 많이 생겨 영양이 풍부해진다.
5. 두부는 기름을 두르지 않고 달군 팬에서 노릇하게 굽는다.
6. 면기에 우동면을 담고 삼치살, 간 마, 낫토, 구운 두부, 달걀 노른자를 보기 좋게 올린다.

TIP 소형견은 낫토를 더 잘게 잘라 준다.
삼치는 생선가게에서 미리 토막 내서 손질해 오면 간편하다.

사람도 함께 먹기!

사람용 낫토는 함께 들어 있는 겨자와 간장소스를 넣어 간을 해 곱게 푼다. 면기에 우동과 간 마, 낫토, 데친 새우, 아보카도, 저염 명란, 달걀노른자를 얹어서 쯔유 또는 간장을 넣고 기호에 따라 김가루, 와사비를 곁들인다.

반려견 한 그릇 영양 정보 총 486 kcal

양고기 스튜 🇮🇳

양고기는 소고기보다 필수아미노산과 비타민 B^1, B^2, E가 많이 포함돼 있고, 불포화 지방산도 풍부합니다. 먹기 좋게 자른 양고기를 볶은 뒤 여러가지 채소를 넣고 졸인 다음 마지막에 그린퓨레를 더하는 쉬운 요리예요. 그릇에 담은 다음 파인애플을 조금 곁들이면 영양 밸런스도 좋고 반려견의 변통에도 도움이 됩니다.

재료 | 2회분

- 양고기 등심 200g
- 셀러리 25cm (50g)
- 코코넛오일 1큰술
- 연근 10cm (200g)
- 가지 1/3개(50g)
- 옐로 파프리카 2/3개 (150g)
- 토마토 1개(200g)
- 생옥수수 1/3개(116g)

- 물 2컵
- 그린퓨레 1컵 (200ml)
  198쪽 참고

- 공기밥 1/3공기(70g)
- 파인애플 슬라이스 1/2개

1. 양고기는 다지듯 칼로 잘게 자른다.
2. 셀러리와 토마토는 잘게 다지고 껍질을 깐 연근, 가지, 파프리카는 2×2cm 크기로 자른다.
3. 옥수수는 세워서 알맹이를 칼로 깍듯이 자르고, 심은 가로 반으로 자른다.
4. 냄비에 코코넛오일을 두르고 셀러리를 살짝 볶다가 양고기를 넣고 중불에서 볶는다.
5. 연근, 가지, 파프리카를 넣고 볶다가 토마토를 넣은 후 물을 붓는다. 옥수수 심도 같이 넣는다.
6. 뚜껑을 덮고 약불로 10분간 익힌다. 이 때 가끔 나무주걱으로 저어준다.
7. 그린퓨레를 넣고 섞다가 5분간 더 졸인다. 이 때 수분이 부족하면 물을 조금씩 더해 준다.
8. 그릇에 밥, 스튜, 2cm 크기로 자른 파인애플을 곁들인다.

사람도 함께 먹기!
⑧ 과정에서 반려견 것을 옮겨 담고 냄비에 남아 있는 스튜에 소금, 후춧가루, 기호에 따라 다진 청양고추를 넣고 간을 맞춘다.

반려견 한 그릇 영양 정보 총 **471 kcal**

트리파 *Trippa*

소의 벌집양이나 천엽을 토마토소스로 조리는 포르투갈의 대표적인 음식입니다. 포르투갈에서는 천엽을 천천히 끓은 물로 데치면서 회색 껍질을 벗기는 과정을 거친 다음, 각종 허브와 함께 오랜 시간 조리는데, 천엽은 사전에 소금으로 깨끗이 손질해야 합니다. 소의 아킬레스건이나 정강이의 힘줄인 스지와 반려견한테 무해한 허브를 넣고 오래 삶아서 비린내를 제거합니다. 천엽은 빈혈 개선에 좋은 비타민 B^2, 아연이 풍부해서 반려견의 영양식 및 저칼로리로 다이어트 식재료로 제격입니다.

재료 | 2회분

- 소고기 스지 200g
- 양 또는 천엽 200g
- 당근 1/2개 (100g)
- 잎을 제거하지 않은 셀러리 75cm (150g)
- 올리브오일, 다진 파슬리 1큰술씩
- 토마토 1.5개(300g)
- 감자 2개 (300g)
- 콜리플라워 1/10개 (50g)
- 완두콩 80g
- 화이트와인 1컵 (200ml)
- 로즈메리 15g
- 레드퓌레 1컵 (200ml) **194쪽 참고**

1. 냄비에 찬물(분량 외)을 붓고 스지와 소금으로 깨끗이 손질한 천엽을 넣고 한소끔 끓으면 체에 밭쳐 국물은 버린다. 스지와 천엽을 한 번 더 흐르는 물로 씻고 칼로 기름과 불순물을 제거한다.

2. 깨끗한 냄비에 ①, 물, 셀러리 잎을 넣고 중간 불로 스지와 천엽이 부드러워질 때까지 삶는다. 냄비에 따라 다르지만 보통 2시간 정도 끓인다.

3. 셀러리 줄기, 당근, 토마토를 잘게 다진다. 감자는 3×3cm 크기로 자르고, 콜리플라워는 2×2cm 크기로 자른다.

4. 올리브오일을 두른 팬에 셀러리, 당근을 넣고 부드러워질 때까지 중간 불에서 볶는다.

5. ②냄비에서 고기를 건져내어 3cm 길이로 자른다. 다른 냄비에 ④와 고기, 화이트와인, 로즈메리, 토마토를 넣고 졸이다가 토마토가 뭉그러지면 감자, 콜리플라워, 완두콩을 넣고 계속 졸인다. 감자가 익으면 레드퓌레를 넣고 5분 더 졸인다.

6. 그릇에 담을 때 밥이나 파스타가 남아있으면 곁들여도 된다. 이때 파슬리도 얹는다.

TIP 천엽은 온라인으로 검색하면 손질한 것을 구매할 수 있다.

사람도 함께 먹기!

⑤과정에서 사람이 먹을 분량을 냄비에 덜어내어 소금, 후춧가루로 간한다. 그릇에 담아 파르메산치즈를 뿌리고 파슬리와 같이 민트잎을 하나 얹어주면 근사한 요리가 된다.

반려견 한 그릇 영양 정보 총 547 kcal

연어 에그그라탕 *Salmon Egg Gratin*

슈퍼푸드인 연어와 달걀로 그라탕을 만들었어요. 반려견에게 달걀을 어느정도 급여해도 될지 대한 정보가 확실하지는 않지만 단백질을 채워주기에 좋은 재료입니다. 단, 생달걀은 피해 주세요. 반려견에 따라 우유가 안 맞을 수 있으니 화이트 소스에는 우유 대신 산양우유로 만들어 보세요.

재료 | 2회분

- 연어살 250g
- 양송이버섯 4개(80g)
- 콜리플라워 1/10(50g)
- 삶은 달걀 2개

- 셀러리 40cm(80g)
- 올리브오일 1큰술
- 밀가루 2큰술
- 산양우유 400ml

- 루오테 파스타 50g

- 코티지치즈 50g 203쪽 참고
- 그릭요구르트 100ml

1. 셀러리는 잘게 다진다. 연어는 껍질을 제거한다.
2. 양송이버섯과 콜리플라워는 얇게 슬라이스한다.
3. 달걀은 완숙으로 삶아서 가로 4등분으로 슬라이스한다.
4. 달군 팬에 올리브오일을 두른 다음 셀러리를 볶은 후, 부드러워지면 밀가루를 섞고 타지 않게 볶는다. 산양우유를 조금씩 넣어가면서 걸쭉하게 만든다.
5. ④에 껍질을 제거한 연어, 양송이, 콜리플라워를 넣고 약한 불에서 7~8분간 졸인다.
6. 파스타는 알덴테보다 부드럽게 삶는다.
7. ⑤에 파스타를 섞어서 그라탕 접시에 담는다. 달걀을 얹고 코티지치즈와 그릭요구르트를 뿌린다.
8. 200℃로 예열한 오븐에 10분간(치즈가 탈 정도) 굽는다.

TIP 연어살 대신에 닭다리살, 겨울에는 생굴을 넣어 부족한 영양소를 채우는 것도 방법이다.

사람도 함께 먹기! 고소한 맛을 좋아한다면 산양우유 대신에 두유로 대체해도 된다.

반려견 한 그릇 영양 정보 총 507 kcal

우에보스 아라 플라멩카 *Huevos a la Flamenca* 🇪🇸

색이 화려한 스페인 안달루시아 지방의 가정식 달걀 요리로 색깔이 플라멩코의 의상을 연상케 하여 이름이 붙여졌답니다. 스페인 요리의 대표적인 토마토소스와 냉장고에 남은 자투리 채소나 제철 채소를 반려견이 먹기 좋은 크기로 잘라 넣은 후 달걀을 깨서 오븐에 익히면 되는 간편한 요리입니다.

재료 | 2회분

- 아스파라거스 3개(60g)
- 방울토마토 4개(100g)
- 옐로 파프리카 1/2개(110g)
- 완두콩 30g
- 미트볼 4개(120g) `207쪽 참고`
- 레드퓌레 1컵(200ml) `194쪽 참고`
- 달걀 2개
- 코티지치즈 50g `203쪽 참고`

1. 아스파라거스는 껍질을 필러로 제거해 3cm 길이로 자르고 끓은 물에 3분간 데쳐 체에 받친다.
2. 완두콩은 끓는 물에 1분간 데쳐둔다.
3. 파프리카는 2×2cm 크기로 자르고 방울토마토는 세로로 1/2 등분한다.
4. 오븐팬에 레드퓌레를 깔고 아스파라거스, 파프리카, 방울토마토, 완두콩, 미트볼을 얹고 위에 달걀을 깨서 올린다.
5. 190℃로 예열한 오븐에 10~12분 정도 굽는다. 달걀이 80% 정도 익으면 오븐에서 꺼낸다.
6. 한 김 식으면 그릇에 담고 코티지 치즈를 곁들인다.

TIP 반려견에 따라 달걀이 안 좋을 수 있으니 익혀 주거나 사용하지 않는다.

사람도 함께 먹기!!
미트볼 대신 기호에 따라 먹기 좋게 슬라이스한 소시지를 곁들여도 좋다. 달걀의 익힘 정도도 기호에 맞게 조리할 것. ③ 과정에서 소금, 후춧가루 또는 파프리카파우더를 뿌려 간을 맞춘다.

반려견 한 그릇 영양 정보 **총 327 kcal**

도뉴나베 豆乳鍋

가다랑어포육수에 두유를 더해서 만드는 일본식 두유 전골입니다. 대두의 이소플라본과 소당류, 사포닌, 비타민 E가 풍부한 두유를 그냥 마셔도 되지만 일본식 전골로 만들면 색다르게 즐길 수 있어요. 단, 두유는 무가당을 선택하세요. 돼지고기는 지방이 적은 안심, 등심, 앞다리살을 샤브샤브용으로 준비하는데, 고기가 싫다면 연어로 대체해도 좋습니다.

재료 | 2회분

- 샤브샤브용 돼지고기 300g
- 무 2cm (100g)
- 당근 1/4개 (50g)
- 느타리버섯 5개 (50g)
- 단호박 1/4개 (150g)
- 두유 (400ml)
- 가다랑어포육수 212쪽 참고 (400ml)

1. 돼지고기는 반으로 자르고 끓인 물에 살짝 데친 후 바로 찬물에 넣었다가 물기를 뺀다.

2. 무와 당근은 1×4cm 크기로 채 썰고 버섯은 손으로 찢는다. 단호박은 2×3cm 크기로 자른다. 모든 채소를 끓는 물에 살짝 데친다.

3. 나베(도기냄비)에 육수와 두유를 넣고 채소를 익힌다. 마지막에 고기를 넣고 바로 그릇에 옮겨 담는다.

TIP 두유에 채소를 넣고 오래 끓이면 두유의 성분이 분리되므로 채소를 미리 데쳐놓아도 좋다.

사람도 함께 먹기!

③ 과정에서 소금으로 간을 해준다. 여럿이 모여 같이 먹기에 딱 좋은 전골요리다. 남은 국물에 밥과 다진 참나물이나 미나리를 넣고 죽을 만들면 색다르게 즐길 수 있다.

반려견 한 그릇 영양 정보 총 397 kcal

무사카 *Moussaka* 🇬🇷

무사카는 그리스, 터키, 중동지역을 비롯한 동쪽 지중해 연안의 전통 가정요리인 가지그라탕입니다. 주로 가지를 사용하는데 그라탕처럼 화이트소스를 층으로 쌓아가는 조리법으로 그리스에서 1920년대에 프랑스 요리의 영향을 받았다고 합니다. 원래는 감자와 가지를 크게 슬라이스하지만 반려견이 먹기 좋게 잘라 조리하고 화이트소스 대신 무가당 요구르트로 대체합니다.

재료 | 2회분

- 소고기 다짐육 300g
- 가지 1개(150g)
- 셀러리 35cm(70g)
- 감자 1개(150g)
- 닭육수 1컵 (200ml) `208쪽 참고`
- 파슬리·올리브오일 1큰술씩
- 레드퓨레 2컵 (400ml) `194쪽 참고`
- 요구르트 100ml
- 코티지치즈 50g `203쪽 참고`
- 빵가루 30g

1. 가지는 2×2cm로 깍둑썰기하고 끓는 물에 데쳐 물기를 살짝 짠다.
2. 셀러리는 아주 잘게 다진다. 감자는 껍질을 벗겨 1×1cm로 자른다.
3. 냄비에 올리브오일 1큰술을 넣고 셀러리를 볶은 후 향이 나면 소고기를 넣고 볶는다.
4. 고기 색이 갈색이 되면 감자를 넣고 닭육수를 부어 약한 중간 불로 15분 정도 익힌다. 이 때 바닥이 타지 않게 가끔 나무 주걱으로 섞는다. 레드퓨레를 넣어 농도 조절을 한다.
5. 오븐 그릇에 가지 분량의 1/2을 바닥에 깔고 ④의 소스를 덮고 요구르트도 분량의 반만 얹는 다음 다시 가지, 소스, 요구르트 순으로 얹는다.
6. 코티지치즈, 빵가루를 순서대로 위에 뿌려 200℃로 예열한 오븐에서 15분간 굽는다. 윗면이 노릇해지면 완성이다.

TIP 고기는 닭고기, 돼지고기, 양고기로 대신해도 된다.
닭육수가 없다면 물로 대신한다.

<u>사람도 함께 먹기!</u> 마지막에 그릇에 담아 소금, 후춧가루를 뿌려서 간한다.

반려견 한 그릇 영양 정보 `총 453 kcal`

닭다리 감자찜 🇬🇷

한끼 식사로 훌륭한 지중해식 일품요리입니다. 만들기도 쉽고, 먹기도 간편해서 사람용 술안주로도 제격이죠. 반려견한테 안전한 허브인 로즈라리를 넣고 조리는데, 먹을 때는 로즈마리와 뼈를 제거하고 그릇에 담아주세요.

재료 | 2회분

닭다리 8개
고구마 1개(200g)
감자 1개(200g)

로즈메리 1줄기
올리브오일 2큰술

1. 닭고기는 먹기 좋게 자른다. 감자와 고구마는 껍질을 벗긴 후, 한 입 크기로 자른다.

2. 무쇠냄비에 닭껍질이 아래쪽에 오게 얹고 감자, 고구마는 사이사이에 넣는다. 로즈메리 잎만 전체적으로 뿌리고 올리브오일을 충분히 붓는다.

3. 종이호일에 구멍을 내고 속뚜껑으로 덮는다.

4. 강한 중불로 끓이다가 소리와 김이 나기 시작하면 불을 줄인다.

5. 중간에 이쑤시개로 감자를 찍어보고 어느 정도 익었으면 약불로 줄여 부드러워질 때까지 익힌다.

TIP 닭다리는 닭봉과 닭정육으로 대신해도 좋다.

사람도 함께 먹기! 부족한 간은 소금, 후춧가루 또는 허브소금 등을 준비해서 찍어 먹으면 된다.

반려견 한 그릇 영양 정보 **총 553 kcal**

소고기 옐로퓌레카레 🇹🇭

태국의 레드카레에서 힌트를 얻어서 만든 요리입니다. 원래는 아주 매콤한 맛인데 반려견을 위해 매운 맛은 생략했어요. 소화와 간 기능에 좋은 커큐민이 포함된 강황, 비타민 E와 C가 풍부한 코코넛밀크를 듬뿍 넣으면 달콤하고 고소한 카레가 완성됩니다.

재료 | 2회분

소고기 양지 250g
샐러리 25cm (50g)
무 3cm (150g)
당근 1/2개 (100g)
고구마 1/2개 (100g)

코코넛오일 2큰술
밀가루 1큰술
강황가루 1/4큰술
닭육수 200ml
코코넛밀크 1/2컵 (100ml)
옐로퓌레 1/2컵 (100ml)
197쪽 참고

자스민라이스 100g
물 125ml

1. 소고기는 3×3cm 크기로 자른다.
2. 샐러리는 잘게 다지고, 무·당근·고구마는 2×3cm 크기로 자른다.
3. 냄비에 코코넛오일 1큰술을 넣고 강한 불에서 달군 후 소고기 육즙이 빠지지 않게 겉만 구워낸다.
4. 소고기를 꺼낸 후 나머지 코코넛 오일을 넣고 샐러리를 넣어 중간 불로 볶다가 색이 투명해지면 밀가루와 강황가루를 넣고 약불로 줄여 볶고 닭육수를 붓는다.
5. ④에 구운 소고기를 넣고 10분 정도 중간 불로 끓인다. 이 때 떠오르는 거품은 제거한다.
6. 나머지 채소를 넣고 5분간 더 끓이다가 코코넛밀크를 넣고 5분 끓인다.
7. 약간 걸쭉해지고 채소에 이쑤시개가 쑥 들어갈 정도가 되면 옐로퓌레를 넣고 5분간 더 끓인다.
8. 그릇에 1회분의 밥과 같이 담아낸다.

TIP 소고기 대신에 양고기나 닭다리살을 활용해도 좋다.
자스민라이스는 일반 쌀보다 물을 넉넉하게 부어 밥을 짓는게 좋은데, 없으면 일반 밥으로 대신해도 된다.

사람도 함께 먹기! 먹을 만큼 작은 냄비에 덜어내어 소금, 후춧가루로 간한다.

반려견 한 그릇 영양 정보 총 497 kcal

너도 먹고 나도 먹는
요리 레시피

―――――――――――――――

한 끼 뚝딱 식사

―――――――――――――――

매일 식사를 챙기는 일은 누구에게나 쉽지 않죠.
일에 치이다 보면 밥 한 끼 먹는 일도 힘들 때가 많은데요.

하지만 내가 굶는다고 사랑스런 반려견까지 굶길 수는 없죠!
그럴 때 [한 끼 요리] 챕터를 열어 보세요.

반찬이 필요 없는 한 끼 뚝딱 요리!
간단하지만 이거 하나면 다른 반찬 필요 없이
한끼 잘 챙길 수 있는 요리법으로 나도, 반려견도 굶지 맙시다.

솥밥

오야코동

비빔밥

라구파스타

치킨 누들수프

돼지고기 감자볶음

오리훈제구이와 오트밀

수제 물만두

연어브런치

소고기와 채소볶음

솥밥

뿌리채소와 닭고기를 넣고 짓는 일본식 '고모쿠고항'에서 힌트를 얻어서 만든 레시피입니다. 원래 이 솥밥은 간장과 청주로 연하게 간해서 은은한 뿌리채소의 향을 느끼며 먹지만, 반려견도 먹을 수 있도록 청주만 조금 넣었습니다. 기호에 따라 청주를 생략하고 밥을 지어도 돼요.

재료 | 2회분

쌀 1컵 (150g)
닭정육 200g
우엉 12.5cm (40g)
고구마 1/2개 (100g)
당근 1/2개 (100g)
브로콜리 1/4개 (75g)

다시마 3×1.5cm 1장
물 180ml
청주 1/2 큰술

1. 쌀은 씻어 체에 밭친 다음 30분간 불린다.

2. 닭정육은 2×2cm 크기로 자르고 우엉, 고구마, 당근은 껍질을 벗긴 후 우엉은 연필깎기, 고구마·당근은 3cm 길이로 잘게 썬다.

3. 브로콜리는 3cm 크기로 잘라 끓는 물에 3분간 데쳐 물기를 뺀다.

4. 솥이나 바닥이 두꺼운 냄비에 쌀을 담고 마른 다시마와 ②의 채소를 올린 뒤 물과 청주를 붓고 센 불에서 가열하다 끓어오르면 뚜껑을 덮어 약한 불에서 15분 더 끓인 후 불을 끄고 ③의 브로콜리를 얹어 10분간 뜸들인다.

5. 채소가 뭉그러지지 않도록 살살 섞은 뒤 그릇에 담아낸다.

사람도 함께 먹기!
국간장·물 2큰술씩, 참기름·다진 파·마늘 1/2큰술씩, 고춧가루·깨 1큰술씩을 넣고 섞은 양념장을 곁들여 먹는다. 송송 썬 달래를 더해 양념장을 만들어도 좋다. 집에 있는 짱아찌를 송송 썰어 더해도 좋다.

반려견 한 그릇 영양 정보 **총 430 kcal**

오야코동 *おやこ丼* 🇯🇵

일본 요리를 대표하는 덮밥인 오야코동은 부모와 자식(おやこ : 오야코)이라는 뜻으로 닭과 달걀이 들어갑니다. 원래는 육수에 간장, 설탕, 청주 또는 미림으로 양념하는데, 영양 밸런스를 고려해 닭고기, 가다랑어포, 비타민C, K, U가 함유된 양배추를 넣었습니다. 반려견에 따라 생달걀 흰자는 소화를 못 시킬 수 있으니 푹 익히거나 빼야 합니다.

재료 | 2회분

닭정육 300g
가다랑어포육수 300ml
212쪽 참고
양배추 잎 큰 것 2장 (100g)
표고버섯 2개 (60g)
달걀 4개
참나물 10줄기 (30g)

밥 2/3공기 (70g)

1. 닭정육은 2×2cm 크기로 자른다.
2. 양배추는 1×3cm 크기로 채 썰고, 표고버섯은 기둥 떼어 내고 잘게 다진다. 참나물은 2cm 길이로 송송 자른다.
3. 달걀은 풀어서 ②의 참나물을 섞어 둔다.
4. 냄비에 육수를 넣고 끓기 시작하면 닭고기를 넣는다. 중간 불로 2분 정도 끓이다가 양배추와 표고를 넣고 표고가 부드러워질 때까지 졸인다.
5. ④에 ③을 넣고 바로 뚜껑을 덮는다.
6. 달걀이 반숙 상태가 되면 바로 불을 끈다.
7. 그릇에 밥, ⑥ 순으로 담는다.

TIP 달걀은 반숙 상태일 때가 맛있으므로 불 조절이 중요하다.

사람도 함께 먹기!

사람용은 가다랑어포육수 80ml, 미림 60ml, 간장 30ml를 끓이다가 닭고기와 채소를 익혀 만든다. 조리 과정이 조금 복잡해 보일 수 있지만 생각보다 만들기 쉽다. 작은 냄비 2개를 준비해서 반려견용, 사람용을 분리하여 사람용에는 소스를 넣고 조리하면 함께 식사를 즐길 수 있다.

반려견 한 그릇 영양 정보 **총 386 kcal**

비빔밥 🇰🇷

한식의 대표 음식이라고 할 수 있는 비빔밥은 여러가지 채소와 소고기를 맛볼 수 있는 영양 만점 메뉴예요. 밥의 양은 줄이고 채소의 양을 늘리면 다이어트식으로도 좋습니다.

재료 | 2회분

- 소고기 안심 200g
- 시금치 3~4포기 (100g)
- 콩나물 반봉지 (150g)
- 고사리 7~8줄기 (60g)
- 생표고버섯 4개 (120g)
- 달걀 2개

- 들기름 적당량
- 다시마육수 2~3큰술
  211쪽 참고

- 밥 2/3공기 (140g)
- 간 참깨 2큰술

조리법

1. 소고기는 적당히 다진 후 들기름 1큰술을 넣고 버무린다.
2. 팬에 들기름을 두르고 달군 후 소고기를 볶는다.
3. 시금치는 끓는 물에 데치고 물기를 짠 후 길이 3cm로 자른다.
4. 콩나물은 끓는 물에 데치고 물기를 짠 후 길이 2cm로 자른다.
5. 표고버섯은 기둥을 떼어내고 얇게 채로 썬다. 달군 팬에 다시마육수 1큰술을 넣고 버섯이 부드러워질 때까지 익힌다.
6. 삶은 고사리는 물기를 짠 후 길이 2cm로 자른다.
7. 달걀은 반숙으로 삶아 준비한다.
8. 그릇에 1회분 밥, 소고기, 시금치, 콩나물, 표고버섯, 고사리를 넣고 가운데에 달걀 프라이를 얹는다.

TIP 1 반숙달걀 만들기
- 냉장고에 넣어 두었던 달걀을 실온에 둬 냉기를 없앤다.
- 냄비에 적당량의 물을 끓이고 물이 끓으면 달걀이 깨지지않게 조심스럽게 넣는다.
- 달걀을 넣고 7분 후 불을 끈다.
- 바로 건져 찬물에 재빨리 식혀 껍데기를 깐다.

TIP 2 채소를 안 먹는 반려견은 소고기 볶은 기름을 채소에 묻혀주면 잘 먹을 수 있다.

사람도 함께 먹기!
사람용은 간장 소스(국간장, 다진 마늘, 다진 파, 참기름 또는 들기름) 또는 고추장, 참기름을 곁들여도 좋다.

반려견 한 그릇 영양 정보 총 383 kcal

라구파스타 *Ragù Pasta*

미리 만들어 둔 라구소스와 코티지치즈를 활용하는 라구파스타는 시간이 없을 때 저장해 놓은 재료로 후다닥 만들어 반려견과 같이 먹기에 아주 좋은 메뉴입니다. 면은 반려견의 기호도에 따라 펜네나 일반 파스타를 잘라서 길이를 조절해도 좋아요.

재료 | 2회분

라구소스 300g 201쪽 참고
스파게티면 50g

물 6큰술
올리브오일 약간

코티지치즈 100g 203쪽 참고

1. 끓는 물에 소금 없이 스파게티 면을 넣어 삶는다. 시간은 파스타 패키지에 표기된 시간보다 1분 더 삶는데, 이는 보통 사람이 먹기 좋은 알덴테 상태보다 조금 더 부드럽게 하기 위함이다.

2. 삶은 면에 올리브오일을 뿌려서 버무린다.

3. 팬에 1회분 라구소스와 물을 넣고 중간 불로 졸인다.

4. 삶은 면 위에 라구소스, 코티지치즈를 얹는다.

사람도 함께 먹기!
프라이팬에서 반려견 라구소스를 덜어낸 후 사람용에는 소금, 후추로 간한다. 파스타 위에 라구소스를 얹고 파르메산치즈를 뿌리고 이탈리아 파슬리나 바질을 송송 썰어 올린다.

반려견 한 그릇 영양 정보   총 **333** kcal

치킨 누들수프 *Chicken Pasta Soup* 🇺🇸

이탈리아의 수프 같지만 사실은 미국의 대표적인 가정요리이자 미국 사람들이 사랑하는 음식 중 하나입니다. 이 레시피는 입안에서 식감이 재미있는 푸실리를 사용하고, 비타민 C와 카로틴이 풍부한 파프리카를 넣고 끓이면 됩니다.

재료 | 2회분

닭안심 12개(300g)
셀러리 50cm (160g)
당근 1개(200g)
레드 파프리카 1개(220g)
토마토 1개(200g)
물 1L

푸실리 파스타 100g
레드퓌레 1컵 **194쪽 참고**

1. 냄비에 물을 넣고 중간 불에 올린다. 끓기 시작하면 닭안심을 넣어 1분 정도 끓인다.

2. 불을 끄고 뚜껑을 덮은 상태에서 10분간 둔다. 안심살을 건져내어 손으로 찢으며 힘줄도 제거한다.(이때 냄비의 물은 버리지 않고 육수로 사용한다.)

3. 셀러리와 당근은 껍질을 벗긴 후 두께 5mm의 반달 모양으로 자르고 파프리카는 씨를 제거한 후 2×2cm 크기로 자른다.

4. ② 과정의 닭안심을 삶아낸 물이 담긴 냄비를 중간 불에 올리고 채소를 모두 넣고, 레드퓌레를 넣고 5분 정도 끓인다.

5. 채소가 약간 부드러워지면 파스타와 건져 찢어놓은 닭안심살을 넣고 10분 더 익힌다. 파스타에 염분이 있다면 따로 삶아 넣는다.

6. 그릇에 담아 한 김 식으면 낸다.

TIP 얇고 작은 쇼트 파스타가 반려견의 소화에 좋다.
바질이나 깻잎을 넣어도 좋다.

사람도 함께 먹기! ⑤ 과정에서 반려견 분량을 덜고 남은 것에 소금, 후춧가루를 넣고 간한다.

반려견 한 그릇 영양 정보 **총 336 kcal**

돼지고기 감자볶음

모든 레시피가 이렇게 쉬웠으면 하는 마음이 생길 정도로 만들기 쉬워요. 지방이 없는 안심살과 각각 다른 영양소를 가진 채소 몇 가지를 넣고 같이 볶으면 완성입니다.

재료 | 2회분

돼지고기 안심살 200g
감자 2개(300g)
양송이버섯 4개(40g)
레드 파프리카 1개(220g)

올리브오일·강황가루
1큰술씩

1. 돼지고기는 2×3cm 크기로 자른다.
2. 감자는 껍질을 벗긴 후 2×3cm 크기로 자른다.
3. 양송이 버섯은 5mm 두께로 썰고 파프리카는 1×2cm 크기로 자른다.
4. 올리브오일을 달군 팬에 돼지고기를 넣어 볶는다.
5. 돼지고기의 붉은 핏기가 사라지면 감자를 넣고 볶는다.
6. 돼지고기와 감자가 어느 정도 익으면 파프리카와 양송이를 넣어 볶다가 불 끄기 직전 강황가루를 넣고 살짝 섞어주고 불을 끈다.

TIP 올리브오일 대신 코코넛오일을 사용해도 향이 어울린다.

사람도 함께 먹기!
⑤ 과정에서 반려견이 먹는 분량을 담은 후 소금 또는 간장, 후추, 카레가루를 넣고 살짝 볶는다. 볶은 후 또르띠아에 싸 먹어도 좋다.

반려견 한 그릇 영양 정보 총 325 kcal

오리팬구이와 오트밀

콜레스테롤은 적고 불포화 지방산, 철분, 비타민 B^2가 다른 고기보다 훨씬 많은 오리고기는 보양 식재료입니다. 오리고기와 팬에서 구운 채소, 조개육수로 만든 오트밀죽, 안토시아닌과 비타민 E가 풍부한 블루베리를 곁들인 일품 요리입니다.

재료 | 2회분

생오리 슬라이스 300g

그린빈 8개 (40g)

오트밀죽 (오트밀 60g + 조개육수 100ml `217쪽 참고`)

블루베리 12알 (36g)

1. 그린빈은 양끝을 자르고 끓는 물에서 2분간 데친다.

2. 달군 팬에서 오리고기를 앞뒤로 노릇하게 굽고, 오리고기에서 기름이 나오면 그린빈을 같이 넣고 볶는다.

3. 작은 냄비에 오트밀과 육수를 섞고 약불에 올려 걸쭉해질 때까지 졸인다. 또는 내열용기에 넣어 전자레인지에 돌린다.

4. 오리고기가 다 익으면 그린빈과 블루베리를 곁들인다. 오트밀은 토핑처럼 얹어 내어도 된다.

TIP 미리 만들어 놓은 여러 가지 육수를 오트밀에 섞거나 산양우유나 우유를 넣어도 좋다.

사람도 함께 먹기!

② 과정에서 소금과 후춧가루를 미리 뿌리고 그린빈 등의 채소와 같이 구운 다음에 먹을 때 소스를 곁들이면 좋다.
허브 드레싱(파슬리나 바질 등 허브 한줌, 마늘 1쪽, 소금 약간, 올리브오일 50~100ml 정도를 믹서기에서 갈아 준다)을 만들어 오리고기에 뿌려도 되고, 데리야끼 양념(간장 3큰술, 청주 2큰술, 설탕 1큰술)을 만들어 ②번 과정 마지막에 팬에 붓고 조려도 좋다.

반려견 한 그릇 영양 정보 총 **505** kcal

수제 물만두 🇨🇳

재료는 푸드프로세서를 사용하면 식감이 떨어지니 칼로 다지는 것이 좋아요. 기름을 써야 하는 구운 만두보다 물에 살짝 익히는 물만두가 건강에 훨씬 좋습니다.

재료 | 24개분

돼지고기 다짐육 300g
새우 6마리
배춧잎 2~3장(200g)
셀러리 1대(100g)
당근 1/2개(100g)

참기름 · 전분 1큰술씩
만두피(중) 24장
다시마육수 3컵 **211쪽 참고**

1. 배추, 셀러리, 당근은 잘게 다진다.
2. 새우는 껍질, 머리 등의 내장을 이쑤시개로 제거한 후 칼로 잘게 다진다.
3. 볼에 다진 채소와 새우, 돼지고기, 참기름을 넣고 손으로 찰기가 생길 때까지 반죽한다.
4. 만두피 가운데에 속을 1큰술 분량을 얹어 반려견이 먹기 편한 모양으로 만들고, 완성한 교자는 전분가루를 뿌리며 트레이에 얹어간다.
5. 냄비에 다시마육수를 넣고 끓이다가 만두를 넣어 익힌다.

TIP 1 배추 대신에 양배추를 써도 되고, 제철 채소 2~3가지와 버섯을 잘게 다져서 넣으면 맛과 영양이 배가 된다.

TIP 2 양을 많이 만들어 냉동 보관해 두면 요리가 더욱 간편해진다.

🍒 사람도 함께 먹기!

사람이 먹을 분량의 소를 다른 볼에 옮겨 담아, 다진 부추를 넣고 소금이나 어간장으로 간한 뒤 만두를 빚는다. 육수에 소금, 후추 또는 시판용 쯔유로 간한다.

반려견 한 그릇 영양 정보 총 666 kcal

연어브런치 🇦🇺

세계 10대 슈퍼푸드로 알려진 연어는 양질의 단백질과 오메가3 지방산을 비롯한 불포화 지방산이 풍부해 심혈관 건강에 좋습니다. 사람은 물론 반려견에게도 아주 좋은 식재료입니다. 슈퍼푸드인 병아리콩과 그린퓨레, 칼로리는 낮고 현미의 3배, 백미의 22배나 높은 식물성 섬유질을 함유한 오트밀을 죽으로 만들어 곁들여 보세요. 조리법은 간단하지만 영양은 매우 높은 건강식 한끼입니다.

재료 | 2회분

- 연어살 2조각(300g)
- 무 2cm(100g)
- 병아리콩 100g
- 유채나물 9~10줄기(140g)

오트밀죽
(오트밀 100g + 물 140ml)

그린퓨레 1/2컵 (100ml)
198쪽 참고

감태가루 약간

조리법

1. 무는 5mm 폭으로 얇게 통째로 자른다.
2. 바닥이 두꺼운 냄비에 무를 깔고 연어를 얹어 뚜껑을 덮고 5분간 찐다.
3. 유채나물은 살 씻어서 끓은 물에서 3분간 데친다. 물기를 짠 후 2cm 길이로 자른다.
4. 병아리콩은 8시간 정도 물에 담가 불린다. 냄비에 콩 3배 분량의 물을 넣고 끓기 시작하면 중간 불에서 30분 정도 삶는다.
5. 냄비에 오트밀과 물을 넣고 2분간 익혀 걸쭉하게 만든다. 전자레인지를 이용해도 좋다.
6. 그릇에 연어, 유채나물조림, 오트밀죽, 삶은 병아리콩, 그린퓨레를 얹어 감태가루를 뿌린다.

TIP 1 오트밀은 전자레인지를 사용해 익혀도 된다. 조개육수나 다시마육수, 닭육수 또는 우유로 조리하면 맛과 영양이 풍부해진다. 병아리콩도 미리 불리고 삶아서 냉동실에 소분해 놓고 필요할 때 사용하면 요긴하다. 연어는 뼈가 있는지 확인 또 확인한다.

TIP 2 유채나물은 시금치나 쑥갓 등 제철 재료로 대체해도 좋다.

사람도 함께 먹기!

② 과정에서 반려견의 연어를 먼저 찌고 꺼낸 다음, 새로운 연어 조각을 무 위에 얹어서 소금 1/3작은술, 화이트와인을 1큰술을 뿌려 찐다. 그리고 담을 때 사용용은 올리브오일, 소금, 후춧가루로 간한다. 유채나물은 소금으로 간하거나, 버터에 볶아도 좋다.

반려견 한 그릇 영양 정보 총 569 kcal

소고기와 채소볶음

굴소스와 소홍주를 양념으로 볶는 중국식 채소볶음과 중국인들이 밥반찬으로 즐겨 먹는 토마토와 달걀볶음을 합친 볶음요리입니다. 간이 없는 대신에 건새우와 참기름으로 맛을 냈어요. 베타카로틴, 칼륨, 칼슘이 풍부한 청경채를 넣었는데 시금치나 열무 등 다른 초록색 채소로 바꿔도 좋습니다.

재료 | 2회분

소고기 안심 300g
청경채 1~2개(80g)
아스파라거스 3개(60g)
토마토 1.5개(300g)
달걀 3개

닭육수 300ml **208쪽 참고**
건새우 2큰술
올리브오일 2큰술
참기름 2큰술

1. 안심은 1×3cm 크기로 채 썬다.
2. 청경채는 세로로 4등분하여 3cm길이로 자른다. 아스파라거스는 필러를 이용해 줄기 아랫부분의 껍질을 벗겨 3cm 길이로 자른다.
3. 토마토는 6등분으로 잘라 씨를 제거한다.
4. 건새우는 물 50ml에 10분 정도 불린 뒤 칼로 다진다.
5. 달걀은 잘 풀어 둔다.
6. 올리브오일을 달군 팬에 청경채와 불린 건새우를 넣고 강한 불에서 살짝 볶다가 그릇에 옮겨 두고 같은 팬에 소고기를 넣고 색이 변할 때까지 볶는다.
7. ⑥에 다시 볶아 둔 채소와 닭육수를 넣고 강한 불에서 1분 정도 조리다가 토마토를 넣고 볶는다.
8. 팬 가운데를 비우고 참기름을 넣어 달걀을 스크램블에그처럼 익힌 다음 모든 재료를 넣고 섞는다.

TIP 고기는 돼지고기, 닭고기, 양고기로 바꿔도 좋다.
닭육수가 없다면 물로 대체한다.

사람도 함께 먹기!
⑧ 과정에서 반려견이 먹을 만큼 덜어낸 다음 팬에 굴소스, 소금, 후춧가루를 조금씩 넣고 간한다.

반려견 한 그릇 영양 정보   총 410 kcal

너도 먹고 나도 먹는
요리 레시피

다이어트 요리

사람들에게 비만이 만병의 원인이 되듯이
반려견들에게도 비만은 건강을 위협하는 큰 고민거리입니다.
반려견도 다이어트 식단 관리는 필수!

반려견들의 다이어트,
어떻게 하면 충분히 먹이면서 스트레스는 덜 받게 할 수 있을까 하고
고민하시 분이라면 이번 [다이어트 요리 레시피]에 집중!

필요한 영양소는 공급하고 칼로리는 줄이자!
반려견 다이어트의 포인트는
필요한 영양소는 충분히 공급해 주고 칼로리는 줄이는 게 비법.
식재료를 조금씩 바꾸면서 다양하게 사용하는 것도 중요합니다.

함께 먹으면서 나도 반려견도 함께 건강한 다이어트 성공!
함께 먹다 보면 견주 역시 건강한 다이어트가 되는 건 덤입니다.
나와 반려견의 다이어트 식단, 한 번 도전해 보세요.

꼬막 감태밥

소고기 뭇국밥

미네스트로네

아스파라거스포타주

스이톤

토마토 히야지루

양배추롤

모로코식 채소조림

Recepi | 소피도 나도

꼬막 감태밥 🇰🇷

꼬막 비빔밥이라고 하면 보통 고추장을 넣고 양념장을 만드는데, 매운 고추장 대신에 감태로 간을 맞췄어요. 11~3월이 제철인 꼬막은 루신이나 페닐알라닌, 글루탐산, 필수 아미노산이 풍부하게 들어 있어 성장 발육에 좋고, 피로 회복에 도움이 되는 타우린도 풍부합니다.

재료 | 2회분

손질한 새꼬막 400g
무 4cm (200g)
콩나물 1/3봉지 (100g)
불린 톳 또는 미역 30g

밥 2/3공기 (140g)
구운 감태 2장
참기름 약간

1. 새꼬막은 싹싹 씻은 후 꼬막이 잠길 정도의 물에 넣고 중불에서 천천히 끓이면서 데치는데, 이때 같은 방향으로 저어 준다. 탁한 물이 나오고 꼬막 입이 열리기 시작하면 꼬막을 껍데기에서 분리시킨 후 잘게 자른다.

2. 무는 껍질을 까고 2cm 길이로 잘게 잘라 끓은 물에 5분 정도 데친 다음 물기를 빼서 식힌다.

3. 불린 톳 또는 미역을 송송 잘게 자르고, 콩나물은 길이 3cm로 자른다.

4. 볼에 모두 재료를 넣고 잘 섞어 그릇에 담는다. 참기름을 넣고 손으로 비비면서 감태를 얹는다.

사람도 함께 먹기!
간장 소스(국간장, 다진 마늘, 쪽파, 참기름)로 간을 한 후, 깨소금을 듬뿍 뿌린다. 참기름, 감태는 기호에 따라 더 넣어도 되고, 감태 대신에 김을 써도 된다.

반려견 한 그릇 영양 정보 **총 289 kcal**

소고기 무국밥 🇰🇷

소고기 무국밥은 소화를 돕는 무와 혈관 건강에 도움을 주는 연근, 혈당을 낮추는 데 좋다고 알려진 우엉을 듬뿍 넣어, 다이어트는 물론 영양까지 챙길 수 있는 우리나라 대표 요리입니다.

재료 | 2회분

소고기 양지머리 200g
무 4cm (200g)
우엉 16cm (30g)
연근 5cm (60g)

물 4컵 (800ml)
밥 2/3공기 (140g)

1. 양지머리는 덩어리로 준비해 찬물에 20분 정도 담가 핏물을 뺀다.

2. 냄비에 찬물과 양지머리를 넣어 육수를 끓인다. 팔팔 끓으면 육수 표면에 뜬 거품을 걷어내고 30분간 끓인다.

3. 무, 연근, 우엉은 껍질을 벗겨 준비하고 무와 연근은 1×2cm 크기로 썰고, 우엉은 연필 깎는 모양으로 얇게 썰어 물에 담가둔다.

4. ② 냄비에서 양지머리를 건져내 먹기 좋은 크기로 썬다.

5. ② 냄비에 무, 우엉, 연근을 넣고 10분간 끓인 후 먹기 좋게 자른 고기를 넣고 한소끔 끓인다.

6. 한 김 식혀 그릇에 밥, 국물 순으로 담는다.

사람도 함께 먹기!
⑤ 과정에서 1인 분량을 냄비에 덜어내고 국간장이나 소금으로 간하고 다진 마늘과 얇게 썬 대파를 넣어 한소끔 끓인다.

반려견 한 그릇 영양 정보 | **총 339 kcal**

미네스트로네 *Minestrone* 🇮🇹

토마토를 많이 먹는 이탈리아의 수프인 미네스트로네는 제철 채소를 넣고 끓이는 한국의 된장찌개와 같은 일상 음식입니다. 양파의 단맛 대신에 칼륨이 많은 셀러리를 잘게 썰어 볶아 단맛을 더했어요. 이탈리아에서는 판체타나 베이컨을 넣고 끓이는데 염분 때문에 닭고기로 대체하고, 토마토를 넣고 충분히 끓입니다.

재료 | 2회분

- 닭가슴살 250g
- 당근 1/2개(100g)
- 셀러리 25cm(50g)
- 배춧잎 2장(160g)
- 토마토 2개(400g)
- 물 800ml
- 올리브오일 1큰술
- 레드퓨레 1컵(200ml) **194쪽 참고**
- 바게트 2쪽

1. 당근은 1×1cm 크기로 자르고, 배춧속, 씨를 제거한 토마토는 2×2cm 크기로 자른다. 셀러리는 잘게 다진다.
2. 닭고기는 잘게 자른다.
3. 바게트는 2×2cm 크기로 자른다.
4. 냄비에 올리브오일을 두른 뒤 중불로 올려서 토마토를 제외한 모든 채소와 닭고기를 넣고 부드럽게 볶는다.
5. ④의 냄비에 물을 넣고 물이 끓으면 토마토를 넣고 다시 끓어오르면 약불로 줄여 20분간 졸인다.
6. 레드퓨레와 바게트를 넣고 5분 정도 더 졸인다.
7. 한 김 식혀 그릇에 담는다.

TIP 바게트와 후무스는 기호에 맞춰 수프에 곁들여 주면 좋다.

<u>사람도 함께 먹기!</u> ④ 과정에서 소금, 후추, 바질로 간한다. 먹기 전에 파르메산치즈를 더하면 감칠맛이 난다.

반려견 한 그릇 영양 정보 **총 286 kcal**

아스파라거스 포타주 *Potage d'Asperges* 🇫🇷

프랑스에서 포타주는 수프 전반을 가르키는 말입니다. 프랑스어로 '포'는 냄비를 뜻하며, 그 냄비로 식재료를 끓이고 육수를 낸다는 뜻에서 유래했습니다. 아미노산의 일종인 아스파라긴산이 풍부한 아스파라거스는 익혀도 영양 성분이 파괴되지 않아 수프로 먹기 좋은 식재료입니다. 우유가 맞지 않는 반려견을 위해 두유로 대체했어요.

재료 | 2회분

- 닭가슴살 2개 200g
- 아스파라거스 5개 (100g)
- 감자 100g
- 셀러리 25cm (50g)

- 올리브오일 1큰술
- 무가당 두유 300ml
- 물 300ml

- 으깬 아몬드 4알
- 호두 2알
- 바게트 2쪽

1. 아스파라거스는 필러를 이용해 줄기 아랫부분의 껍질을 벗겨 얇게 어슷하게 썬다.
2. 셀러리는 잘게 썰고 감자는 반으로 잘라 얇게 채 썬다. 닭고기는 2×3cm 크기로 자른다.
3. 올리브오일을 두른 냄비에 셀러리를 넣고 셀러리 향이 나면 닭고기를 넣어 볶는다. 닭고기가 어느 정도 익으면 아스파라거스와 감자를 넣고 계속 볶는다.
4. 두유와 물을 넣고 뚜껑을 덮어 약불로 10분간 끓인다. 이때 너무 졸여지지 않게 불조절에 주의한다.
5. ④를 믹서기로 곱게 간다.
6. 그릇에 담아 한 김 식힌 후 호두와 아몬드를 으깨어 뿌리고 먹기 좋게 자른 바게트를 곁들인다.

TIP 밀가루 알레르기가 있는 반려견은 빵을 생략한다.

사람도 함께 먹기! ⑥에서 1인 분량을 그릇에 덜어내고 소금, 후춧가루로 간한다. 올리브오일을 곁들여도 좋다.

반려견 한 그릇 영양 정보 **총 432 kcal**

스이톤 すいとん 🇯🇵

스이톤은 오랜 전통의 일본 요리로 밀가루 반죽을 손으로 뭉치거나 숟가락으로 떠내고 국물에 넣어 끓이는 요리로서 지역마다 들어가는 식재료가 다릅니다. 한국 수제비와 비슷하지만 일본 스이톤은 보통 된장을 풀어서 국물 맛을 내고, 가다랑어포, 돼지고기, 배추, 단호박, 당근, 버섯 등 각종 영양소가 풍부한 재료들이 들어간 든든한 한끼 메뉴입니다.

재료 | 2회분

샤브샤브용
돼지고기 등심 200g
배춧잎 1장(80g)
단호박 1/4개(150g)
당근 1/4개(50g)
느타리버섯 5개(50g)

밀가루 1/2컵
물 2큰술
가다랑어포육수 4컵
212쪽 참고

1. 작은 볼에 밀가루와 물을 넣고 치대어 수제비 반죽을 만든다.

2. 단호박은 씨와 속을 숟가락으로 제거하고 2×2cm 크기로 자른다.
   당근은 5mm 두께로 동그랗게 자른다.
   버섯은 밑동을 떼고 손으로 찢는다.

3. 냄비에 돼지고기, 채소, 육수를 넣고 중간 불로 끓인다. 끓기 시작해 거품이 생기면 걷어내고 뚜껑을 덮어 약한 불에서 채소가 부드러워질 때까지 익힌다.

4. 수제비를 1큰술씩 냄비에 넣고 뚜껑을 덮고 3분간 졸인다.

TIP 스이톤을 만들기가 번거롭다면 시판용 저염 칼국수나 수제비를 한 번 데쳐 사용한다.

사람도 함께 먹기! ⑥ 과정에서 남은 수제비에 일본 된장 1큰술 또는 국간장, 소금으로 간한다.

반려견 한 그릇 영양 정보 총 **284** kcal

토마토 히야지루 🇰🇷🇯🇵

히야지루는 된장을 푼 콩물에 밥이나 면을 넣고 여름에 즐겨 먹는 일본 음식입니다. 지역마다 넣는 식재료가 다르지만 일본식 국물에 한국의 콩국을 더한 퓨전 스타일로 만들었습니다. 원래 히야지루에는 보리굴비 같은 짠 생선구이를 얹어 먹는데, 반려견들을 위해 닭안심과 카로틴·칼륨·비타민 K가 많은 오이, 라이코펜이 많이 함유된 토마토를 넣어 영양 밸런스를 맞췄습니다.

재료 | 2회분

- 닭가슴살 200g
- 방울토마토 12개 (300g)
- 오이 1/2개 (125g)
- 참나물 2줄기 (5g)
- 다시마 (2×3cm)
- 소면 50g
- 가다랑어포육수 500ml
  212쪽 참고
- 콩국 500ml
- 참깨 조금

1. 닭가슴살은 콩기름을 두른 팬에서 굽거나 끓은 물에 익혀 얇게 손으로 찢는다.
2. 토마토는 물에 데쳐 껍질을 벗기고 반으로 자른다. 오이는 3cm 길이로 잘게 썰고, 참나물은 살짝 데쳐 자른다.
3. 육수에 들어갔던 다시마는 3cm 길이로 잘게 썬다.
4. 냄비에 육수를 넣어 데우고, 나머지 재료와 콩국을 넣어 섞고 차갑게 만든다.
5. 소면은 포장에 표기된 시간으로 삶는다.
6. 그릇에 참나물을 제외한 재료를 모두 담은 다음 ④의 국물을 붓고 마지막에 참나물로 장식하고 참깨를 뿌린다.

TIP 1 반려견의 기호도에 따라 소면은 잘라 준다.

TIP 2 콩물 만드는 법
두부 200g, 두유 400ml를 믹서에 곱게 갈아 사용하면 간편한 콩국을 즐길 수 있다.

사람도 함께 먹기!
마지막에 오이지를 송송 잘라 물에 10분간 담갔다가 물기를 짜서 얹는다. 그래도 싱거우면 소금으로 간한다. 사람이 먹을 때는 소면의 분량을 늘리면 된다.

반려견 한 그릇 영양 정보 총 256 kcal

양배추롤

양배추는 고대 이집트에서 환자에게 먹였을 만큼 몸에 좋은 식재료입니다. 섬유질이 많고 아미노산과 글루타민이 들어 있어 위에 좋고, 또한 안토시안이 풍부해 뇌의 집중도를 높여 줍니다.

재료 | 2회분

- 양배추잎 8장 (400g)
- 돼지고기 다짐육 120g
- 소고기 다짐육 120g
- 코티지치즈 50g 203쪽 참고
- 밥 1/3공기(70g)
- 애호박 1/4개(75g)
- 표고버섯 1개(30g)
- 올리브오일 약간
- 조개육수 1컵 217쪽 참고
- 그린퓨레 1/2컵 (100ml) 198쪽 참고

1. 양배추를 보들보들하게 될 때까지 찐 다음 물기를 뺀다. 심이 두꺼운 쪽은 칼로 얇게 저민다.
2. 애호박과 표고버섯은 잘게 다진다.
3. 팬에 올리브오일을 두르고 먼저 애호박을 볶은 다음에 표고버섯을 추가하고 같이 볶아 상온에서 식힌다.
4. 볼에 고기, 채소, 밥을 넣고 손으로 주물러 섞어준다. 잘 섞이면 8등분해서 달걀모양으로 만든다.
5. 찐 양배춧잎을 잘 펴서 ④의 소를 넣고 돌돌 만다.
6. 직경 22cm 냄비에 양배추롤을 가지런히 넣어 육수를 붓고 중간 불에 올린다.
7. 한소끔 끓기 시작하면 뚜껑을 덮고 약한 불에서 15분 정도 졸인다.
8. 그릇에 양배추롤과 국물을 담아 그린퓨레를 곁들인다.

TIP 조개육수 대신 레드퓨레로 바꾸어 다양한 맛을 즐길 수 있다.

사람도 함께 먹기!

양배추롤 속도 간이 안 되어서 귀찮지만 작은 냄비를 2개 준비해서 따로따로 익혀야 한다. ④ 과정에서 먹을 만큼 반죽을 나누어서 소금, 후춧가루로 간한 다음 양배추에 말고 육수와 같이 끓일 때 월계수 잎을 얹고 소금, 어간장을 살짝 넣어 조리하면 좋다.

반려견 한 그릇 영양 정보 총 **285 kcal**

모로코식 채소조림 ⭐

모로코를 비롯한 마그레브 지역의 전통 조림 음식입니다. 이슬람 문화권이라 고기를 사용하지 않는 경우가 많은데, 닭고기나 양고기를 덩어리째 잘라서 스튜처럼 조리기도 합니다. 비타민 C와 칼륨이 풍부한 콜리플라워와 애호박을 넣어 채소 조림을 만들고 돼지고기리예뜨를 곁들여 부족한 단백질을 보충합니다.

재료 | 2회분

- 애호박 1/3개(100g)
- 콜리플라워 1/10개(50g)
- 당근 1/4개(50g)
- 레드 파프리카 1/4개(55g)
- 사과 1/2개
- 토마토 2개(400g)
- 병아리콩 1컵(150g)

- 올리브오일 2큰술

- 조개육수 217쪽 참고 또는 닭육수 208쪽 참고 2컵(400ml)
- 물 150ml

- 돼지고기리예트 150g 221쪽 참고
- 쿠스쿠스 60g

1. 병아리콩은 8시간 정도 물에 담가 불린다. 냄비에 콩 3배 분량의 물을 넣고 끓기 시작하면 중간 불에서 30분 정도 삶는다.

2. 애호박, 당근, 파프리카, 토마토, 사과를 1cm 큐브 모양으로 자르고, 콜리플라워는 얇게 슬라이스한다.

3. 냄비에 올리브오일 1큰술을 두르고 애호박, 당근, 파프리카를 넣고 중불에서 볶는다.

4. 냄비에 육수를 붓고 끓어오르면 약중불에서 10분 정도 익힌다.

5. 토마토, 사과, 콜리플라워, 병아리콩을 넣고 10분 정도 더 익힌다.

6. 볼에 쿠스쿠스 분량의 1.2배의 끓인 물을 붓고 뚜껑을 덮어 3분간 둔다. 올리브오일 1큰술을 넣고 잘 섞는다.

7. 그릇에 쿠스쿠스를 담는다. 채소조림을 얹고 돼지고기리예트를 곁들인다.

TIP 돼지고기 리예뜨가 없는 경우에는 돼지 다릿살을 이용해도 좋다.

사람도 함께 먹기!
⑤ 과정에서 사람이 먹을 만큼 작은 냄비에 덜어내고 소금, 후춧가루로 간한다.

반려견 한 그릇 영양 정보 총 389 kcal

너도 먹고 나도 먹는
요리 레시피

신나게~ 파티 파티!!!
특별한 날의 요리

함께 모일 때는 **파티 요리**

나와 반려견이 함께 하는 특별한 파티에
어떤 요리를 할까 고민인가요?
내 것 따로 반려견 것 따로 준비하려면 부담이잖아요.
그렇다면 [파티 요리] 레시피에 주목!!!!

파티에 어울리는 근사한 비주얼
여럿이 나눠 먹을 수 있는 많은 양
하지만 요리법은 간단하게!

즐거운 파티 요리
이번 주말~
나와 반려견의 친구들과 함께 파티를 열어 보는 건 어떨까요?

타코라이스

떡국

팬프리타타

함박스테이크와 삶은 채소

토르티야피자

포토푀

아쿠아파짜

뿌리채소 오븐구이

수육

양고기꼬치와 후무스

파에야

타코라이스 🇯🇵

멕시코풍 미국 요리인 타코의 재료를 밥에 얹어서 먹는 일본 오키나와의 대표 요리입니다. 일 년 내내 따뜻한 오키나와에서는 동남아 요리처럼 뜨겁게 데우지 않은 음식이 많은데, 타코라이스도 소고기를 볶다가 식힌 다음 양상추로 토핑한 요리입니다.

재료 | 2회분

소고기 다짐육 200g
강황가루 1작은술
올리브오일 적당량

토마토 2개 (400g)
양상추 잎 2장 (80g)
코티지치즈 60g `203쪽 참고`

달걀 2개
밥 2/3공기 (140g)

1. 토마토는 4등분으로 자른 후, 숟가락으로 씨를 제거하여 잘게 자른다. 양상추는 칼로 채 썰거나 손으로 먹기 좋게 자른다.

2. 팬에 올리브오일을 두르고 소고기를 넣고 강불로 갈색이 될 때까지 볶고 마지막에 강황가루를 추가해서 섞는다.

3. 볼에 토마토, 올리브오일 1큰술을 넣고 버무린다.

4. 달걀은 팬에 올리브오일을 두르고 중불로 달군 후, 반숙 프라이로 만든다.

5. 그릇에 밥을 담고 양상추, 소고기, 토마토, 코티지치즈, 달걀프라이를 얹는다.

TIP 반려견이 생 채소를 먹지 않는다면 익혀도 좋다.

사람도 함께 먹기!

소고기를 볶을 때 사람용에는 소금, 파프리카가루, 고춧가루를 넣고 양파를 같이 볶아 넣어도 좋다. (단, 반려견용에 양파는 금물!) 토마토 살사에는 소금과 후춧가루, 큐민가루, 라임즙, 타바스코를 기호에 따라 약간씩 추가해서 간한다. 치즈도 코티지치즈뿐만 아니라 모차렐라치즈, 그뤼에르치즈를 뿌리고 고수 잎을 듬뿍 얹어도 된다.

반려견 한 그릇 영양 정보 `총 369 kcal`

떡국 🇰🇷

한국의 대표적인 명절 음식으로 정월이 되면 저는 소피와 함께 떡국을 먹어요. 소고기, 떡, 달걀 이외에 식물성 단백질인 두부도 넣어봤는데 채소가 좀 부족하다 싶으면 우엉, 무, 연근 같은 뿌리채소를 같이 넣고 끓여도 됩니다. 소피는 떡을 좀 불려주면 매우 좋아해요. 반려견에게 떡은 목이 막힐 수 있으니 많이 불려서 잘게 잘라주세요. 떡을 빼고 줘도 됩니다.

재료 | 2회분

소고기 다짐육
(지방이 적은 안심 또는 우둔살) 200g

홍합살 100g

두부 1/3모 (100g)

떡국떡 150g

달걀 2개

김 2장

참기름 약간

멸치육수 4컵 `215쪽 참고`

1. 소고기는 참기름을 두르고 볶다가 물 1큰술을 넣어 끓인다.
2. 홍합살을 깨끗이 씻어 준비한다.
3. 떡은 씻어 물에 담가 놓는다.
4. 달걀을 풀어 놓고, 김은 구워서 부숴 놓는다.
5. 냄비에 멸치육수를 넣고 끓으면 떡과 홍합살을 넣어 떡이 부드럽게 풀어진 후 두부를 넣어 한소끔 끓인다. 달걀을 붓고 불을 끈 다음 한 김 식힌다.
6. 그릇에 담고 소고기, 김을 얹는다.

TIP
1. 익힌 떡은 자칫하면 반려견의 치아에 끼일 수 있다. 미리 익힌 떡을 조금씩 급식해 보고 아이가 불편한 점이 보이지 않는 선에서 주는 것이 좋다.
2. 달걀 흰자에 대한 논란은 많지만 익힌 흰자는 O.K. 그래도 걱정이 된다면 조금씩 소량을 급식해 보고 결정한다.
3. 떡국에 올리는 김은 반려견에게 아주 좋다고 알려져 있다. 김뿐만 아니라 모든 해조류는 도움이 된다고 하니 다양한 해조류를 사용해 보는 것도 좋다.

사람도 함께 먹기!
⑤ 과정에서 1회분을 냄비에 덜어내고 국간장과 소금으로 간하여 어슷하게 썬 마늘, 대파를 넣고 함께 끓이면 된다.

반려견 한 그릇 영양 정보 `총 443 kcal`

팬프리타타 *Pan Frittata* 🇮🇹

프리타타는 이탈리아의 대표적인 달걀 요리로 프랑스의 키슈나 스페인의 오믈렛인 토르티야와 비슷합니다. 육류, 해물, 치즈, 채소 등 다양한 부재료를 듬뿍 넣고 소금, 후추, 허브로 간해서 팬이나 오븐에서 굽습니다. 채소는 싱싱한 제철 채소를 이용하면 더 좋아요. 굽는 과정에서 돼지고기리예트와 코티지치즈를 추가하면 동물성 단백질을 충분히 섭취할 수 있습니다.

재료 | (2회분)

- 단호박 1/4개 (150g)
- 고구마 3/4 (150g)
- 시금치 3/4단 (150g)
- 달걀 8개
- 요구르트(플레인) 200ml
- 돼지고기리예트 200g `221쪽 참고`
- 코티지치즈 100g `203쪽 참고`
- 올리브오일 4큰술

1. 단호박과 고구마는 2cm 길이로 얇게 채썰고, 시금치는 먹기 좋은 크기로 자른다.

2. 20cm형 팬에 올리브오일 1큰술을 두르고 달군 다음, 호박과 고구마를 넣고 중간 불에서 노릇하게 볶고 50ml의 물을 부어 호박과 고구마를 익힌 후 시금치를 넣고 살짝 볶는다. 물을 제거한 후 한 김 식힌다.

3. 볼에 달걀을 푼 다음, 요구르트를 섞는다. 이때 포크를 이용하여 풀어 주면 알끈도 제거되고 잘 섞인다.

4. 채소를 볶은 팬에 돼지고기리예트, 코티지치즈를 골고루 얹어 ③의 달걀, 요구르트를 부어 중간 불에서 익힌다.

5. 1분 정도 지나면 약불로 줄여 뚜껑을 덮고 3분 정도 익힌 후 뚜껑이나 팬보다 납작한 접시를 사용해서 뒤집는다.

6. 뒤집은 후 중간 불에서 1분 더 익힌 다음 불을 끈다. 사용하는 열원에 따라 달걀 익힘의 속도가 달라지니 젓가락으로 눌러 가며 달걀의 익힘 정도를 확인한다.

7. 한 김 식으면 접시에 옮겨 케이크 조각처럼 잘라 그릇에 담는다.

TIP 돼지고기리예트가 없으면 돼지고기로 대체해도 된다.

사람도 함께 먹기!

③의 달걀 반죽에서 소금을 추가해 익히는데 반려견과 같이 먹는 경우는 그릇에 담아서 완성된 프리타타 위에 소금, 후춧가루, 또는 파프리카파우더, 트러플오일 등으로 간한다.

반려견 한 그릇 영양 정보 `총 525 kcal`

함박스테이크와 삶은 채소

고기와 채소를 다져 바게트나 식빵을 우유에 적셔서 부드럽게 한 다음 반죽하는 일본식 함박스테이크입니다. 사람이 먹을 때는 다진 양파를 단맛이 날 때까지 노릇하게 볶아 넣는데, 반려견을 위해 셀러리를 볶아서 넣어 주었어요.

재료 | 2회분

돼지고기 다짐육 120g
소고기 다짐육 120g
두부 1/3모 (100g)
셀러리 25cm (50g)
연근 2cm (40g)
새송이버섯 2개 (100g)
바게트빵 2조각
두유 또는 우유 50ml
달걀 1개
코코넛오일 2큰술

옐로퓌레 1/2컵 (100ml)
197쪽 참고

곁들이는 채소 | 1회분

브로콜리 1/3개 (80g)
당근 2/5개 (80g)
무 2cm (80g)
조개육수 800ml 217쪽 참고

1. 작은 볼에 두유 또는 우유를 붓고 손으로 잘게 찢은 바게트를 넣어 바게트를 부드럽게 만든다.
2. 셀러리, 연근, 새송이버섯은 잘게 다진다.
3. 팬에 코코넛오일 1큰술을 두르고 중간 불에서 5분 정도 볶은 다음 한 김 식힌다.
4. 두부는 키친타월로 감싼 뒤 무거운 접시 등을 올려 물기를 빼고 칼등으로 으깬다.
5. 다른 볼에 고기, 두부, ①, ②와 달걀을 넣고 점성이 생기도록 잘 치대어 반죽한다.
6. 브로콜리, 당근, 무는 1×1cm 크기로 잘라 냄비에 조개육수와 같이 넣고 중간 불에 올린다. 한소끔 끓기 시작하면 약불로 10분 정도 천천히 졸인 후 불을 끄고 둔다. 조개육수가 없다면 물로 대체한다.
7. 반죽을 3~4개로 나눈다. 손바닥으로 타원형으로 만들고 가운데에 엄지로 살짝 눌러 움푹하게 만든다.
8. 팬에 코코넛오일 1큰술을 두르고 중간 불에서 ⑦을 2분 정도 굽다가 뒤집어서 2분 더 굽는다. 물을 붓고 뚜껑을 덮어 약불에서 익힌다.
9. 스테이크가 부풀어오면 누르지 말고 가운데 부분을 찔러 보고 붉은 육즙이 안 나오면 접시에 담은 다음 삶은 채소와 옐로퓌레를 곁들인다.

TIP 고기를 반죽할 때 레시피의 채소 외에 당근, 무, 다른 버섯, 나물 등 궁합을 생각하며 3가지 정도 섞는 것도 방법이다. 고기는 오래 치댈수록 육즙이 살아 있고 함박스테이크의 모양이 잘 잡힌다. 난각파우더는 부족한 칼슘을 보충해 주므로 첨가해도 좋다.

사람도 함께 먹기!

⑤번 반죽에서 사람이 먹을 만큼 볼에 남겨 소금, 후춧가루, 넛맥을 1/3작은술씩 넣고 간한 다음 굽는다. 구운 후 팬에 남아있는 육즙에 레드와인 3큰술, 케첩·돈까스소스 1/2큰술씩, 간장 약간을 넣고 졸여 데미그라스 소스를 만들어서 곁들여도 좋다.

반려견 한 그릇 영양 정보 총 400 kcal

토르티야피자 *Tortilla Pizza* 🇮🇹

구하기 쉬운 토르티야에 각종 채소와 고기, 만들어 놓은 코티지치즈를 토핑으로 올리고 구우면 쉽고 간단하게 피자를 만들 수 있어요. 생 채소보다는 반려견이 먹기 좋게 팬으로 한번 볶거나 데쳐서 얹어 보세요. 귤, 바나나, 딸기, 사과, 파인애플, 감, 자몽, 메론 등 반려견이 먹을 수 있는 과일로 만들면 디저트 피자가 됩니다. 단 과일의 씨나 껍질은 주의하세요. 바삭한 토르티야의 식감으로 반려견의 식사가 한층 더 즐거워질 겁니다.

재료 | 2회분

- 토르티야 4장 (지름 15~18cm)
- 양송이버섯 8개(160g)
- 가지 1/2개(75g)
- 코코넛오일 4큰술
- 소고기 다짐육 200g
- 브로콜리 1/3개(100g)
- 방울토마토 8개(200g)
- 레드퓌레 1.5컵(300ml) `194쪽 참고`
- 코티지치즈 100g `203쪽 참고`
- 바질 약간
- 올리브오일 적당량

1. 양송이, 가지는 2×3cm 길이로 채로 썰고 코코넛오일을 두른 팬에서 중불로 노릇하게 볶는다.
2. 달군 팬에 코코넛오일을 두르고 쇠고기를 볶는다.
3. 브로콜리는 3cm 크기로 조각을 내어 끓은 물에서 2분간 데친다.
4. 방울토마토는 세로 방향으로 1/2등분한다.
5. 토르티야에 레드퓌레를 얇게 바르고 ①, ②, ③ 재료와 코티지치즈를 얹어 220℃로 예열한 오븐에 5분간 굽는다. 바질과 올리브오일로 토핑한다.
6. 피자를 그릇에 담은 뒤 반려견이 먹기 좋은 크기로 잘라낸다.

TIP 과일피자 레시피

피자 위에 채소 대신 과일을 올리면 과일피자가 된다.
딸기 3개, 블루베리 6개, 귤·바나나 1/2개씩, 그린퓌레 1/3컵(70ml), 코티지치즈 50g, 바질 약간, 올리브오일 적당량을 준비한다.
토르티야에 그린퓌레를 바르고 먹기 좋게 자른 과일을 보기 좋게 올린 다음, 코티지치즈를 얹어 220℃로 예열한 오븐에서 5분 정도 굽는다. 피자 위 토핑은 식감과 맛을 위해 다양한 과일과 채소 등을 시도해 보는 것이 좋다.
단, 밀가루 알레르기가 있는 반려견은 금물이다.

사람도 함께 먹기!

기호에 맞게 오븐에 넣기 전 소금, 후춧가루로 간한다. 코티지치즈 대신에 모차렐라치즈나 파르메산치즈를 얹어 구워도 된다. 토르티야를 활용하기 위해서 사람용으로 모차렐라치즈, 카망베르, 고르곤졸라 등 3~4가지 치즈와 어슷하게 썬 대파를 토핑으로 올려 구우면 간단하면서도 폼나는 와인 안주가 된다.

반려견 한 그릇 영양 정보 `총 480 kcal`

포토푀 *Pot-au-feu* 🇫🇷

프랑스말로 '불에 올린 냄비'라는 뜻으로, 크게 자른 고기와 채소를 각종 허브와 같이 끓이는 소박한 프랑스의 전통 가정 요리입니다. 제철 채소로 바꿔가면서 끓이면 더욱 맛있어요. 조리법이 간단해서 한소끔 끓여 멋진 냄비에 내면 파티용으로도 좋습니다. 반려견용은 그릇에 담을 때 통후추와 뼈를 꼭 제거해 주세요.

재료 | 2회분

소갈비 500g
당근 1/2개 (100g)
무 5cm (250g)
감자 1개 (150g)
셀러리 50cm (100g)

물 3L
통후추 약간

1. 갈비는 찬물에 20분 정도 담가 핏물을 뺀다.

2. 냄비에 찬물(분량 외)을 붓고 갈비를 넣어 한소끔 끓으면 체에 밭쳐 첫 번째 국물은 버린다. 갈비를 흐르는 물로 씻고 칼로 기름이나 불순물을 제거한다.

3. 찬물 3L에 갈비를 넣고 육수를 끓인다. 팔팔 끓으면 육수 표면에 뜬 거품을 걷어내며 통후추를 넣고 중간 불로 1시간 정도 끓인다.

4. 당근, 무, 감자는 껍질을 벗겨서 큼직하게 자르고 셀러리는 필러로 껍질을 살짝 벗겨 길이 3cm로 자른다.

5. ③ 냄비에 당근과 무를 넣고 10분 정도 끓이다가 감자와 셀러리를 넣어 10분 더 끓인다.

6. 갈비는 건져 살만 발라 칼로 잘게 자르고 채소는 포크로 으깨서 그릇에 담고 한 김 식혀 낸다.

TIP 소갈비를 구하기가 어려우면 사태 600g을 같은 방법으로 삶아서 국물을 낸다.
채소도 제철의 채소 2~3가지 정도를 바꿔가면서 넣는 것이 좋다.
감자는 포크로 으깨어 국물과 같이 먹으면 좋다.

사람도 함께 먹기!
⑤ 과정에서 사람 먹을 분량을 나눈 뒤 소시지를 넣고 끓여도 좋다. 먹을 때 소금, 후추로 간한다. 기호에 따라 씨겨자를 곁들인다.

반려견 한 그릇 영양 정보   총 522 kcal

아쿠아파짜 *Aquapazza* 🇮🇹

아쿠아파짜는 이탈리아말로 '미친 물' 또는 '이상한 물'이라는 뜻으로, 해산물과 토마토, 올리브오일을 넣고 함께 졸이는 나폴리 요리입니다. 육수는 쓰지 않고, 물과 토마토 또는 화이트와인만 넣고, 올리브오일을 첨가하면 아주 간단한 일품 요리가 됩니다. 흰살 생선은 뼈와 가시를 반드시 제거한 다음 반려견에게 주세요.

재료 | 2회분

흰살생선살(도미, 우럭, 대구, 농어, 민어) 300g

모시조개 300g

방울토마토 8개(200g)

다진 이탈리안 파슬리 1큰술

물 150ml

올리브오일 2큰술

1. 방울토마토는 세로 방향으로 1/2등분 한다.

2. 높이가 낮은 냄비에 생선살, 모시조개를 넣고 이탈리안 파슬리를 뿌린다. 물과 올리브오일을 붓고 중간 불에서 끓인다.

3. 종이호일로 속뚜껑을 만들어 덮은 다음 약중간 불로 8분 정도 졸인다.

TIP 생선가게에서 삼단뜨기를 해오면 간단히 조리할 수 있다.

사람도 함께 먹기! ③ 과정에서 소금, 후춧가루로 간한다.

반려견 한 그릇 영양 정보 **총 282 kcal**

뿌리채소 오븐구이

마는 점막을 보호하고, 소화효소가 있어 자주 이용하면 좋은 재료예요. 주로 갈아서 먹는 방법이 많이 알려져 있는데, 오븐에서 다른 뿌리채소와 같이 굽거나 팬에 구워 먹으면 고소한 맛이 일품이에요. 시간이 있을 때 레시피 분량의 2~3배를 구웠다가 반려견에게 간식 대용으로 주면 좋아요. 후각이 발달한 반려견에게 구운 채소는 식사를 더욱 즐겁게 합니다.

재료 | 2회분

우엉 25cm(80g)
고구마 1/3개(75g)
애호박 1/4개(75g)
당근 1/3개(60g)
알타리무 2개(200g)
래디시 2개(60g)
아스파라거스 3개(60g)
마 2~3cm(50g)

올리브오일 1큰술
로즈메리 1줄기

1. 우엉, 당근, 알타리무, 고구마, 애호박, 마는 껍질을 까고 1×5cm 크기로 자른다.

2. 아스파라거스는 필러를 이용해 줄기 아랫부분의 껍질을 벗겨 5cm 길이로 자른다.

3. 래디시는 세로 방향으로 1/2등분한다.

4. 오븐팬에 종이호일을 깔고 모든 채소를 골고루 넣어 로즈메리를 얹은 뒤 올리브오일을 뿌린다.

5. 190℃로 예열한 오븐에서 30분 정도 굽는다.

TIP 비트, 무, 감자, 돼지감자, 단호박 등 제철 채소를 이용하면 더욱 더 좋다.

<u>사람도 함께 먹기!</u> 먹을 만큼 그릇에 담아 소금, 후춧가루로 간한다.

반려견 총칼로리 영양 정보 **총 319 kcal**

수육

수육도 나라마다 조리법이 다양합니다. 한국식은 돼지고기의 잡내를 제거하기 위해서 된장, 대파 등을 넣어 물에 삶는데, 반려견용에는 된장과 대파를 넣을 수 없기 때문에 셀러리잎을 깔고 찝니다. 돼지고기에 함유된 아미노산은 모발, 근육, 손톱, 발톱을 만들어 주는 영양소 중 하나로 사람뿐 아니라 반려견한테도 아주 중요한 성분입니다. 노령견과 비만견용은 지방을 꼭 제거하고 조리하세요! 반려견에게는 안심이나 등심을 사용하는 것이 좋지만 수육은 식감이 좀 더 부드러운 목살을 이용해 만들었어요.

재료 | 2회분

돼지고기 목살 600g
셀러리 잎 2~3장

수육 2회분(200~250g)에 곁들이는 녹색채소 재료

청경채 1-2개(80g)
쑥갓 10줄기(100g)
브로콜리 1/5개(60g)

물 200ml
전분물(전분 1큰술+물 1큰술)
파인애플 슬라이스 2개

1. 찜기에 물을 충분히 넣고 그 위에 셀러리 잎을 깔고 김이 올라오면 고기를 얹어서 40분간 찐다.
2. 청경채를 세로 4등분, 길이 3cm로 자르고 쑥갓도 3cm 길이로 자른다. 브로콜리는 3×3cm 크기로 자른다.
3. 파인애플은 먹기 좋은 크기로 자른다.
4. 팬에 물을 붓고 끓기 시작하면 브로콜리부터 넣어 3분 정도 익힌 다음 나머지 채소를 넣는다. 준비한 전분물을 넣고 살짝 저어주고 불을 끈다.
5. 수육은 한 김 식은 후 얇게 썰고 채소, 파인애플을 곁들인다.

TIP 채소를 닭육수 또는 조개육수에 삶으면 맛과 영양이 더해진다.

사람도 함께 먹기!

기호에 따라 김치, 된장, 허브드레싱 266쪽 참고, 바냐카우다(안초비 2조각, 마늘 1쪽, 올리브오일 2큰술, 생크림 50ml, 후춧가루를 냄비에 넣고 약불로 조리다가 믹서기로 간다) 등을 곁들여서 먹는다.

반려견과 함께 먹는 양 총 1,392 kcal

양고기꼬치와 후무스

칠리파우더나 매운 파프리카 파우더, 큐민 등의 향신료, 레몬, 소금, 올리브오일로 양고기를 재우고 꼬치에 꽂아 굽는 모로코 요리입니다. 반려견을 위해서 소금과 매운 향신료를 생략하고 강황가루와 올리브오일로만 양념장을 만들었어요. 꽂는 채소는 냉장고에 있는 것을 활용해 보세요. 그린퓨레를 곁들이면 환상의 궁합이 될 겁니다.

재료 l2회분(꼬치 4개 분량)

양고기 목살 400g
당근 1개(200g)
옐로 파프리카 1개(220g)

강황가루 1/2큰술
올리브오일 1큰술

그린퓨레 1/2컵(100ml)
`198쪽 참고`

1. 양고기와 당근, 파프리카는 각각 3×3cm 크기로 자른다.

2. 고구마는 3×3cm 크기로 자르고 끓은 물에 3분간 데치거나 전자레인지에서 2분 정도 익힌다.

3. 볼에 고기와 채소를 넣고 강황가루로 버무린다.

4. 꼬치에 고기와 채소를 꽂는다.

5. 달군 팬에 꼬치를 올리고 올리브오일을 뿌려 뚜껑을 덮는다. 3~4분 뒤에 뒤집어 양면을 굽는다.

6. 반려견이 먹는 것은 꼬치에서 빼고 그릇에 담아 그린퓨레를 곁들인다.

사람도 함께 먹기!
④ 과정에서 사람이 먹을 만큼 나누고 강황가루, 매운 파프리카 파우더, 소금, 후춧가루, 큐민가루 등 기호에 맞춰 향신료를 더해서 버무린 후 굽는다.

반려견 한 그릇 영양 정보 총 **531 kcal**

파에야 *Paella* 🇪🇸

스페인의 대중 음식인 파에야는 쌀이 주재료로 우리 입맛에 특히 잘 맞아요. 해물, 고기, 다양한 채소를 토마토소스, 사프란, 파프리카파우더로 양념하는데 반려견을 위해서 강황이 들어간 옐로퓌레를 듬뿍 넣고 조렸습니다. 닭고기 대신 반려견이 먹을 수 있는 고기, 해물 등을 잘게 잘라서 볶으면 색다른 맛을 느낄 수 있답니다.

재료 | 2회분

- 닭 정육 200g
- 바지락 400g
- 새우 6마리
- 셀러리 50cm(100g)
- 토마토 1개(200g)
- 표고버섯 3개(90g)
- 흰쌀 1컵(180g)

- 물 2L

- 올리브오일 2큰술
- 옐로퓌레 1컵 **197쪽 참고**
- 강황가루 1/2작은술

TIP
- 바지락 대신에 홍합을 이용해도 좋다.
- 반려견의 취향에 따라 키토산과 타우린이 함유된 새우머리와 꼬리를 주어도 좋다.

---

1. 냄비에 바지락과 물 2L를 넣고 한소끔 끓인 뒤 거품을 제거하고, 조개 입이 열리기 시작하면 불을 끄고 그대로 둔다.

2. 셀러리는 잘게 다지고, 표고버섯은 얇게 썬다. 토마토는 잘게 깍둑썰기 하고, 닭고기는 2cm 크기로 자른다.

3. 새우는 가위로 뿔 두 군데와 긴 수염을 제거한다.

4. 쌀은 가볍게 씻어서 체에 밭쳐 둔다.

5. 파에야 냄비 또는 프라이팬(28cm 정도)에 올리브오일을 두른 후 닭고기와 새우를 넣고 노릇하게 구운 뒤 꺼낸다.

6. 냄비에 셀러리를 넣어 중간 불에서 먼저 볶다가 부드러워지면 버섯을 넣고 함께 볶은 후 토마토를 넣고 졸인다.

7. 불을 끄고 ④의 쌀과 닭고기, 옐로퓌레를 넣어 골고루 섞는다.

8. 바지락 육수를 재료가 잠길 정도 붓고 바지락과 새우를 얹는다. 강불에 올려 한소끔 끓기 시작하면 중간 불로 줄여 20분 정도 졸인다. 이때 프라이팬 바닥이 타지 않도록 주의한다.

9. 쌀이 익으면 불을 끈 뒤 뚜껑을 덮거나 은박지를 씌워 10분간 뜸을 들인다.

10. 주걱으로 잘 섞어 반려견의 식기에 옮겨 담을 때 새우는 껍질, 머리를 까주고 바지락 껍데기도 제거해 준다.

사람도 함께 먹기! 마지막에 소금, 후춧가루로 간한다.

반려견 한 그릇 영양 정보 총 **518 kcal**

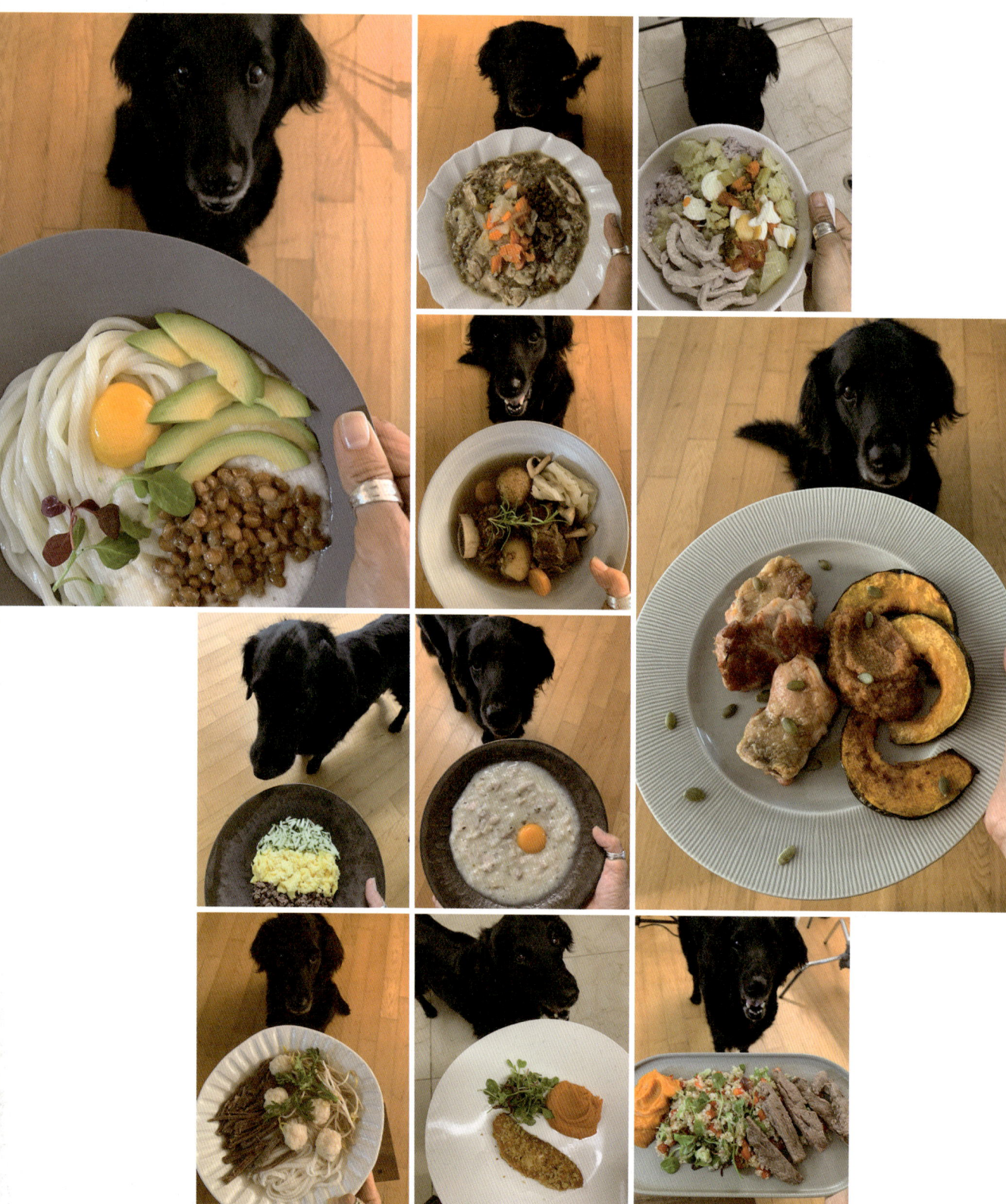

에
필
로
그

개밥 해주는 여자,
소피의 식탁

소피와 함께 인생의 소중한 시간을 보내고 있는 소피의 친구이자 엄마이자 보호자인 포토그래퍼 강진주입니다. 소피는 저의 가장 가깝고 친한 친구이자 저에게 많은 가르침을 주고 삶의 순리를 배우게 해주는 인생의 조력자이죠. 많은 사람이 소피를 반려견이란 이름으로 명명하겠지만, 저에게는 촬영장의 마스코트, 말 못 할 고민을 들어주는 고민 상담소 소장, 인생의 교훈을 주는 스승, 힘들 때 등 두들겨 주는 친구, 혼자서 밥 먹기 싫을 때 함께해 주는 가족 같은… 굉장히 많은 의미를 주고 역할을 해 주는 존재입니다. 무엇보다 저를 가장 잘 알고 사랑해 주는 존재이기도 하고요.

소피를 처음 만난 그날을 저는 아직도 생생하게 기억합니다. 고운 검은색 빛깔의 털과 강렬하면서도 맑고 깨끗한 눈빛이 시선을 압도하고, 포동포동한 검은색 생명체가 아장아장 걸어오는데 반할 수밖에 없었죠. 그중에서도 소피의 깊고 그윽한 눈을 잊을 수가 없었어요. 많은 분이 반려견과의 첫 만남을 떠올릴 때, '돌아서면 생각이 나더라, 집에 가는 길, 자꾸 눈에 밟히더라, 나를 보고 꼬리를 흔드는 모습에 인연 같았다' 등 소위 스파크가 '팍'하고 튀는 찰나의 순간이 있지요.

소피의 그 깊고 그윽한 눈빛 속에 세상에 대한 두려움, 소심함이 느껴졌고, 불현듯 그것으로부터 꺼내어 소피를 세상과 어울리게 하고 싶다는 생각이 들었어요. 소피는 내가 아니면 안 되겠다는 강한 확신도 들었고요. 반려견을 키우는 일이 얼마나 많은 시간과 노력, 정성이 필요한 일인지 따지고 생각하기도 전에 저는 소피의 손을 덥석 잡았습니다.

'소피는 내가 아니면 안 되겠다는 강한 확신도 들었고요'

소피와 내가
함께 나누는 식탁

소피는 저에게 많은 것을 가르쳐 주고, 옳은 길로 인도해 주는 '참스승'입니다. 말 못하는 강아지에게 스승이란 표현이 과하다고 생각할 수 있겠지만, 실제로 저는 소피를 통해 일상의 순리를 배우고, 관계의 어려움을 극복하며, 세상살이의 진리를 터득하고 있습니다. 제가 사람다운 사람으로 사는 것에 소피의 역할이 크다고 할 수 있지요. 영화 〈죽은 시인의 사회〉의 키팅 선생님이 "카르페디엠"을 외치며 학생들에게 신선한 충격을 줬던 것처럼 소피 역시 제 인생에 들어와 깊고 잔잔한 깨달음을 주고 있습니다. 그런 소피가 조금 더 건강하게 오래 살았으면 좋겠다는 마음으로 먹는 것에 집중하게 됐고, 사료와 영양에 대해 공부하게 되면서 다소 파격적인 소피와 제가 함께 나누는 식탁을 차리게 됐습니다.

반려견을 키우지 않는 분들도 '개의 건강을 위해 사람 먹는 것을 먹이면 안 된다'라는 막연하게 알고 있을 만큼 개는 사료만 먹는 것이 건강하다가 일반적인 지식인데, 개와 사람이 함께 하는 식탁이라니… 매우 생경하게 들릴 거라 생각됩니다. 이 책은 많은 반려견의 식탁을 180도 확 바꿔버리겠다는 거대한 포부보다는, 그저 반려견과 더 많은 시간을 추억하고 싶은 노력의 결실을 담아 만들었습니다.

소피의 건강과 영양을 생각해 만든 음식에 숟가락 하나 더 얹어서 함께 먹어볼까라는 생각으로 사람과 개가 함께 하는 식탁을 차리게 됐고요. 혼밥보다는 함께 마주보며 나누는 식사가 더 맛있고 즐겁지 않겠어요! 사료만을 맹신했던 제가 공부하면서 지식을 쌓고, 여러 시행착오를 겪고 전문가들에게 조언을 구해가며 만든 저와 소피의 식단입니다.

애미야, 밥 차려라~
애미야, 오늘은 무슨 반찬?

소피와 함께 식탁을 차린 이후 삶이 좀 더 풍요로워졌다고 할까요! 식사를 준비하는 과정도 설레고, 함께 먹는 기쁨도 즐겁고… 개나 사람이나 먹는 것이 중요하다는 것을 경험하게 된 대목입니다. 이 책을 통해 반려견의 식문화에 작은 반향이라도 생기길, 저처럼 혼자 살면서 반려견을 키우는 이들에게 맛있는 공감이 되기를 바랍니다.

이 책을 준비하면서 많은 도움을 준 동료들과 자문해준 정설령 선생님, 요리연구가 히데코 선생님께 감사의 인사를 전합니다. 그리고 나의 듬직한 캡틴이자 든든한 친구, 사랑하는 소피! 부디 오래도록 밝고 건강하게, 나의 식사 메이트가 되어 주길 바라면서 이 책을 소피에게 헌정합니다.

사랑하는 소피!
부디 오래도록 밝고 건강하게, 나의 식사 메이트가 되어 주길…

photo by Lee eun suk

도움 주신 분들

소피 (Sophie)
주인공

블랙 플랫 코티드 리트리버(black flatcoatedretriver)
강진주 사진작가와 13년째 함께 하는 반려견이자 식구.
남산을 사랑하고 자연식을 통해 매일 다양한 식재료를
즐기는 미식견이다.
'오늘 메뉴는 뭘까?' 하는 즐거운 궁금증으로
식사를 기다리는 행복한 할머니로 살고 있다.
◎ sophie_mongmong

정설령 선생님
자문

한국반려동물영양연구소의 소장이자 개와 고양이를 위한
바른 먹거리와 영양에 대하여 연구하고 있는 수의사.
개와 고양이 영양학과 관련하여 세계적 트레이닝을
수십 차례 받았고, 국내에서 1,000명 이상의 수의사들을
대상으로 수의 임상 영양학 강의를 진행했다.
한국 수의영양학연구회의 이사로 활동하며 반려동물의
올바른 먹을 거리에 대해 전파 중이다.

최인희 대표
자문

여러 마리 반려견들의 견주이자 반려견의 생활을
돕는 우리나라 최초의 펫케어리스트.
2004년 말부터 반려동물에게 건강하게 먹일 수 있는
사료를 공급하기 위해 홀리케어바프라는 반려견 자연식
사료회사 → 생식회사를 운영하고 있으며,
반려견들과 행복하게 사는 방법을 전파 중이다.
◎ holicare.inhee

나카가와 히데코 (& 어시스턴트 김은주)
레시피

한국 이름은 중천수자.
20년 전 귀화해 한국에 사는 일본 태생 요리 선생.
『셰프의 딸』, 『맛보다 이야기』, 『지중해 요리』,
『히데코의 사계절 술안주』 시리즈 등 다양한 책을 지었다.
현재는 요리교실 '구르메레브쿠햰'을 김은주,
박진숙 스태프와 함께 운영하며, 키친 크리에이터로
재미있는 식문화를 가르치는 데 매진 중이다.
◎ hideko_nakagawa

안관덕 셰프
감수

소피의 식탁에서 모든 요리의 영양 밸런스와
칼로리 감수 담당.
힐리언스 선마을의 셰프이자 자연밥상의 메뉴개발을
맡고 있다.
특히 힐리언스 선마을에서 영양학 강의를 하며
우리가 뭘 어떻게 먹어야 하는지에 대해 알리고 있다.
◎ an_chef_gary

김남희
도자 작가

'소피의 식탁'의 다양한 요리들이 더욱 맛있게 보일 수
있도록 아름다운 그릇을 만들어 준 도자 작가.
이천 산자락 조용한 동네에서 2명의 동거인,
3마리의 반려견과 함께 적당히 행복하게 살고 있다.
어릴 때 부터 봐왔던 소피와 진주,
서로 끔찍이 아끼는 모습이 마치 네로와 파트라슈 같다며
둘에게 늘 사랑과 지지를 보내고 있다.
◎ namhee_kim_ceramist

천준아
글 구성

20년 가까이 방송으로 밥벌이는 하고 있는 작가.
다양한 분야에 관심이 많은데, 최근 식재료와 음식에
관심이 부쩍 늘면서 강진주 작가의 책 작업에도
참여하게 됐다. 매일 새로운 작업이 있는 곳을
기웃거리며, 반려견 3마리의 엄마로 사는 중이다.

한재민 감독
촬영 및 소피 유튜브 진행 – "소피의 식탁" 유튜브 작업

『Violonist』, 『탈춤에 미치다』, 『물빛 정령의 노래 –
세상 끝에서의 사투』 연출, 『샤또몬테』 프로듀서 (차인표, 류수영).
재미난 소재로 영화를 만들기 위해 새로운 도전을 하는 영화감독.
군침 도는 소피의 식탁에 관심이 간 한재민 감독은 반려견 식문화
만들기에 동참, 소피의 식탁 유튜브를 작업 중이다.

 〈소피의 식탁〉 https://www.youtube.com/channel/UCmQAP3eUr6tA_MKnmoO1A8g

김영숙
편집 디자인

광고회사 8년 경력.
각종 전시포스터와 도록(백남준 판화전, 뭉크전 등) 및
다수의 책 편집을 했다. 현재는 클래식 평론 잡지
『Review』를 6년째 작업 중이고, 공방에서
일러스트레이터 친구들과 함께 다양한 책과
재미난 디자인 상품을 만들고 있다.

강진주 (kang jinju)
기획 및 사진

소피의 견주이자 사진작가 & 크리에이티브 디렉터.
다양한 식재료와 음식과 관련한 커머셜 작업부터
미디어 순수작품까지 다방면에서 활동하고 있다.
최근에는 사진과 미디어를 넘어 책 작업에 관심을 두고 있는데,
2019년 발간한 책 『쌀을 닮다』는 미식 책 분야 오스카상이라 불리는
'구르망월드쿡북' 어워드 쌀 부문 1위를 수상했다.
자연과 기후의 변화에 관심을 가지고 새로운 작업을 진행 중이고,
아트를 주제로 한 라이프스타일 제품을 선보이는
브랜드 진주식당을 운영 중이다.
aostudio.co.kr / aostudio_kangjinju
jinjusikdang.com / jinjusikdang

발행일	2021년 1월 5일 초판 1쇄 인쇄
레시피	나카가와 히데코
발행인	강진주
디렉터	강진주
글 구성	천준아
디자인	김영숙
사 진	강진주(www.aostudio.co.kr)
인 쇄	영문화
펴낸곳	진주식당(www.jinjusikdang.com)
출판등록	제2018-000096
주 소	서울 용산구 녹사평대로 46가길27-34
전 화	02.3785.0516
ISBN	979-11-966928-1-0
가 격	25,000원

이 책의 저작권은 진주식당에 있으며 무단 전재나 복제는 법으로 금지되어 있습니다.
잘못된 책은 구입하신 곳에서 교환해 드립니다.